むらの困りごと解決隊

実践に学ぶ　地域運営組織

農文協 編

農文協

まえがき

いま、「地域運営組織」が従来の自治会や公民館などの地縁組織を補完しつつ地域の課題を解決し、さらに一歩踏み込んだ経済活動なども行なう住民自治組織として注目を集めています。

地域運営組織は「小さな拠点」「地域自主組織」とも呼ばれ、総務省の2017年3月の報告書では、全国に3000以上の組織が存在しているとされ、その多くは、「平成の大合併」時に行政によるサービス低下を補うために、おおむね小学校区や昭和の合併前の旧町村を単位として設立されたものですが、それ以外にも、過疎化や高齢化、小中学校統廃合、路線バス廃止、鳥獣害、耕作放棄地や放置竹林へのゴミの不法投棄など、さまざまな「むらの困りごと」を解決するための住民の自主的な活動が、地域運営組織の立ち上げへと発展していったケースも少なくありません。また、農家が協同の力で農業を継続していくための組織である集落営農が、農家以外の住民とともに地域の課題全般に取り組むようになったケースもあります。

総務省の「暮らしを支える地域運営組織に関する研究会」の座長をつとめた小田切徳美明治大学農学部教授は、2014年発行の岩波新書『農山村は消滅しない』の中で、自然災害や鳥獣害などによって集落機能が急激かつ全面的に脆弱化し始め、住民の中に「もう何をしてもこのムラはだめだ」という諦めが地域全体に広がることを「臨界点」と表現しています。

本書は、この「臨界点」にもつながりかねない「困りごと」に直面した地域の住民が、その解決のための活動の中から、地域運営組織を立ち上げつつある実践例（PART1）、立ち上げた実践例（PART2）を集めたものです。

たとえば広島県三次市青河町では、児童数の減少による小学校の統廃合を心配した9人の住民が有限会社を設立、子育て世代の移住を促す若者住宅を新築したり空き家を活用したりして児童数を安定させ、放棄された空き家を農家レストラン、どぶろく製造所としてよみがえらせたほか、青河自治振興会としても交通弱者の輸送サービス事業を行なっています（１０９頁）。

また地域運営組織がＵＩターンの若者の仕事の場となっているケースも多く、２０１２年度から県内各地で「集落活動センター」として組織づくりに取り組む高知県では、集落活動センターで緑のふるさと協力隊ＯＢが地産地消の学校給食事業に取り組んだり（32頁）、集落活動センター事務局として地域おこし協力隊員が活動したりしています（90頁）。

ＰＡＲＴ３では、こうした地域運営組織や集落営農の歩み、課題、可能性について小田切徳美氏、島根県雲南市の板持周治氏、農山村地域経済研究所の楠本雅弘氏に解説していただきました。

本書をぜひ、みなさまの地域の「困りごと」解決、そして地域運営組織づくりに役立てていただけたら幸いです。

２０１８年３月

農山漁村文化協会編集局

目次

まえがき　1

PART 1 むらの困りごと解決隊

困りごと①
【災害・廃校・米販売・耕作放棄地】
九州北部豪雨から生まれた「5年間買うぞ！　宣言」笠原棚田米プロジェクト
生活支援から農地復旧、農業支援へ、そして集落と棚田の存続へ
福岡県八女市黒木町／NPO法人 山村塾……小森耕太　10

困りごと②
【担い手・草刈り・用水路管理・空き家管理】
地域の生活支援活動まで期待されるようになった集落営農
困りごとは行政だけに任せるのではなく、地域で解決
大分県宇佐市／農事組合法人 橋津営農組合「よりもの郷」……仲　延旨　20

困りごと③
【人口減・高齢化・獣害】
地産地消給食で未来をつなぐ！　日本一小さな村の挑戦！
高知県大川村／集落活動センター「結いの里」……和田将之　32

困りごと④
【混住化による人のつながりの希薄化・ゴミの不法投棄・地域資源の保全】
85％が非農家の混住地域で〝協働のまちづくり〟
多面的機能支払（農地・水・環境保全向上対策）を活用して
栃木県那須塩原市／三区町環境保全隊・特定非営利活動法人 三区町地域資源・環境保全会……鈴木良雄　39

困りごと⑤
【保育園の存続・地域活性化】
地域環境権を行使してエネルギー事業
地域環境権条例と上村プロジェクト
長野県飯田市上村地区／かみむら小水力株式会社
……飯田市環境モデル都市推進課 地域エネルギー計画係 小川 博 47

困りごと⑥
【少子高齢化・高齢世帯・空き家】
区・資源保全隊・活性化推進組合の三つのエンジンで進める地区づくり
「仲良く、楽しく、安全・安心に生活できる地区」へ
宮城県柴田町／上川名地区……加藤嘉昭 52

困りごと⑦
【「困った」と言わないところ】
「百姓が百人、百年先も笑ってくらせる村づくり」をめざしてビジョンを作成
川谷もより百笑百年物語
新潟県上越市吉川区／川谷もより会……天明伸浩 61

困りごと⑧
【高齢化・休耕田・仕事づくり】
ワラビで村に仕事をつくる
県随一の豪雪は条件不利ではなく個性だった
岩手県西和賀町／西和賀ワラビ生産販売ネットワーク……湯沢 正 69

目次

PART 2 困りごと解決隊から地域運営組織へ

困りごと① 【過疎高齢化・空き旅館・高齢者福祉】
自治会のグリーンツーリズム推進協議会から地域課題解決のNPO法人へ
誇りをもって住み続けたいと思える地域に
山口県長門市俵山地区／特定非営利活動法人 ゆうゆうグリーン俵山……村田 保 78

困りごと② 【雇用・後継者・高齢者福祉・廃校活用】
無茶々園40年の活動とFECWの自給による町づくり
農家組織から地域組織へ
愛媛県西予市／株式会社地域法人 無茶々園……大津清次 85

困りごと③ 【学校、保育所の統合・生活店舗、ガソリンスタンド廃止】
校下民運動会、ワークショップから集落活動センターへ
「働く・稼ぐ」「支える」「実現する」「集い」の4本柱
高知県土佐町／集落活動センターいしはらの里……山下秀雄 90

困りごと④ 【災害対策・独居または高齢者世帯・空き地、空き家】
「限界集落」から「元快衆楽」へ
会員は住民全員、熟議の活動
愛媛県西予市城川町／川津南やっちみる会……西予市 高川公民館主事 宇都宮雅己 100

困りごと⑤
【廃校危機・空き家・耕作放棄地・交通弱者】
子育て世代を呼び込む若者住宅建設、放棄空き家活用農家レストラン、高齢者輸送サポートも
豊かな地域になるには行政からお金ではなく仕事を奪う
広島県三次市／有限会社ブルーリバー・青河自治振興会……岩崎 積 109

困りごと⑥
【廃校・不法投棄・路線バス廃止】
環境保全と防災無線、コミュニティバスで地域を守る
資金は林道の草刈りで捻出
富山県氷見市／八代環境パトロール隊……森杉國作 120

困りごと⑦
【保育園の存続・高齢化】
住民が自ら社会福祉法人を設立
保育園の存続もデイサービスの運営も
長野県飯田市千代地区／社会福祉法人「千代しゃくなげの会」……飯田市市長公室秘書課長 串原一保 128

困りごと⑧
【農業の低迷・子どもの減少】
地域限定・双方向交流の山村留学で実現した米の安定販売
自信あります東沢 食と自然とあたたかさ
山形県川西町／東沢地区協働のまちづくり推進会議……佐々木賢一 135

困りごと⑨
【村内のもめごと】
「もめごとのまち」から「話し合いのまち」へ

目次

PART 3 むらの未来をひらく地域運営組織・集落営農

PART 1

むらの困りごと 解決隊

宮城県柴田町上川名地区では、2015年に地方創生事業で荒れた竹林を再整備し、
県内一早いタケノコ出荷が可能になった（52頁）

困りごと① 災害・廃校・米販売・耕作放棄地

九州北部豪雨から生まれた「5年間買うぞ！ 宣言」笠原棚田米プロジェクト

生活支援から農地復旧、農業支援へ、そして集落と棚田の存続へ

福岡県八女市黒木町／NPO法人 山村塾

NPO法人 山村塾事務局長　小森耕太

九州北部豪雨で大きな被害を受けた山村、そして将来へのイメージ

2000（平成12）年の大学卒業直後に飛び込んだ福岡県八女市黒木町笠原地区での田舎暮らしと里山保全NPOの世界。いろいろな思い出、出来事がありますが、やはり一番大きな出来事は、「平成24年7月九州北部豪雨」によって笠原地区全域が被災したことです。豪雨災害は河川、道路をはじめとして、家屋や山林、農地にも大きな被害をもたらしました。

地域は大きなダメージを被りましたが、マイナスばかりではありませんでした。災害復旧に多くの方々がボランティアとして駆けつけてくれました。復興に向けさまざまな取り組みを地域一丸となって取り組む中で、地域や近所のつながりも深まりました。災害ボランティアのみなさんの提案により生まれた「5年間買うぞ！ 宣言」笠原棚田米プロジェクトは、9軒の農家と約100人のサポーターが参加するものに発展しました。

災害によって耕作放棄地や過疎化の流れが一気に10年は進んだ印象ですが、地域の中にじわじわと進行していた課題が顕在化したことで、課題としっかり向き合う気持ちが生まれ、新しい取り組みや仕組みづくり

への意欲がわきました。地域の祭りや復興への取り組みに若い世代が汗を流したことも印象的でした。災害はないにこしたことはありませんが、自然豊かな日本にいる限り、災害は避けては通れません。しなやかに災害と向き合い、将来を見据えるたくましさがまだまだ地域には残っていると思います。

谷あいに沿って続く棚田と茶畑の風景

1994年、2軒の農家から始まった

山村塾が活動する福岡県八女市黒木町の笠原地区は八女茶発祥600年の歴史を有し、古くから茶栽培に取り組むなど農林業がさかんな地域で、谷あいに沿って美しい棚田と茶畑、集落、そして山々の風景が続きます。

山村塾は、都市と農山村が一体となり、棚田や里山の環境を守ることをめざして1994年から活動を開始しました。水や空気を守り、安全な食べものを育む農山村の自然を守るには、「都市住民と農山村住民がともに語り、ともに汗を流し、ともに考えていくことが大切である」という理念のもと、稲作コース担当の椿原ファミリー、山林コース担当の宮園ファミリーの2軒の農家が受け入れを担当し、家族ぐるみの交流をしながら活動の輪を広げてきました。稲作コースは、荒廃しかけていた8段20aの棚田を借り受け、アイガモ農法による米づくりを行ないます。イネの種まき、田植え、カモ進水式、田の草取り、カモの引き上げ、イネ刈り、カモさばき、収穫祭と、米づくりの一年を体験します。山林コースは、1991年の台風17

号・19号によってダメージを受けたスギ・ヒノキ林に広葉樹を育て、いろいろな生き物がすむ森づくりをめざしています。

山村塾が大きく育つこととなったのは、1997年の農林業体験交流施設「四季菜館」建設でした。この施設は、稲作コースを担当する当時40代の農家である椿原夫妻が、親戚や友人からのたくさんの反対を押し切って大借金をして建てました（付帯設備含めて約6000万円の建設費用のほとんどが20年返済のスーパーL資金）。都市部から訪れる人たちが農作業を行なったあとに汗を流してゆっくり過ごしてほしい、囲炉裏を囲んで農業や林業、農山村での暮らしや環境問題などについて皆と語り合いたいという思いから建てた施設です。今でこそ、農家が都市農村交流に力を注ぐことが理解されていますが、当時は大決断だったと思います。2人の強い意志に、少数ではありましたが、少しずつ賛同者が集い、それが徐々に広がり、都市住民をはじめとして国際ボランティアや農業研修生など

家族ぐるみで参加する稲作コースの活動

1997年、椿原ファミリーがスーパーL資金で建てた「四季菜館」

四季菜館の囲炉裏を囲んで語り合う

多くの人たちが集う場となりました。

2000年、山村塾で働き始める

私と山村塾の出会いは大学生だった1997年。山村塾と大学の研究室で企画した「里山・田園保全ワーキングホリデー」というボランティア合宿でした。10日間の自炊生活をとおして、農家の人たちや外国人、いろんな世代のボランティアの人たちと一緒に棚田や森林の整備作業を行ないました。そこで汗を流すうち、農山村の風景が今までとはまったく違うものに見えてきました。棚田や山々の風景を、だれがどのようにしてつくってきたのか、一つひとつの棚田や山林が物語ってくるようでした。

こうして山村塾とこの地域にしだいにのめり込んでいき、大学卒業の2000年に、山村塾の事務局スタッフになるため地域に移住しました。当時はNPO法が施行されて間もないころで、NPOで働くことや田舎に移住するということについて、まだまだ世間の理解がありませんでした。しかし、2軒の農家が「住み込み、まかない付きで年棒100万円」を私費で準備したことに感銘を受けて、この人たちと一緒ならと決断したことを覚えています。周囲の人たちはずいぶん心配していたと思いますが、おかげさまで移住・就職18年を終え、奥さんと息子と3人で暮らすことができ、事務局長として2人の正職員と2人のパート職員と一緒に楽しく仕事をすることができています。

2004年、廃校となった小学校を拠点に

現在は、廃校となった木造の小学校校舎を活用した交流センター「えがおの森」に山村塾の事務所を置き、ここを拠点に10日間から80日間の合宿形式による「国

木造の小学校校舎を活用した笠原東交流センター「えがおの森」

田んぼで泥まみれになって働く国際ボランティア

際ワークキャンプ」を実施しています。

２０１６年度は２００日間で62人のボランティアが参加（のべ２２００人）し、棚田保全や森林保全、地域農家の農作業手伝い、地域のお祭りの手伝いなどに汗を流しました。アジアはもちろん、ヨーロッパや南北アメリカなど、これまでに25の国と地域から国際ボランティアが参加してくれ、最初はとまどっていた地域の方々も今では楽しく交流しています。

この施設は、２００４年３月に小学校が閉校した後、地域の方々と行政、山村塾と大学とで議論を重ね、これまでの山村塾をとおした都市農村交流をモデルに、都市住民が農山村を体験できる施設として活用することに決まりました。木造の小学校の雰囲気を残し、環境にやさしい暮らしを体験できる場所にしようと、給湯暖房に利用するウッドボイラー（エーテーオー社製）や五右衛門風呂、薪ストーブを備えています。

その後、春休みや夏休みの時期にスポーツクラブや子どもたちの団体が施設利用に訪れる以外は、さほど利用がなかったことと、四季菜館で実施してきた合宿ボランティア活動も10年を迎え、そろそろ新しい取り組みに転換をする時期となっていたので、２００８年からはここを拠点に、長期ワークキャンプ「里山80日ボランティア」を開始しました。

国内外から集う５人から10人のボランティアが、標高３００ｍの山村の元小学校校舎で暮らし、日中は棚田や森林で汗を流します。これまで行なってきた10日間のプログラムでは、かかわった人たちには大きな経験、感動となりましたが、地域で暮らす人たちとは、なかなか接点がつくれず理解も深まりませんでした。それが、80日間のプログラムを始めたことで一気に解決しました。外国人を含む見知らぬ人たちが日々、集落内を散歩し、店に買い物に行き、棚田で汗を流します。２度も３度も見かけるうちに「あんたたち、どこから来たとね？」「なんばしよっとね？」「食事はどげんしよっと？」とついつい声をかけずにはいられません。私が地域の人に説明するまでもなく、だんだんその存在が知れ渡り、いつしか「『えがおの森』にはボランティアさんが住んでいる」というのが地域の常識となりました。

2012年、九州北部豪雨と災害復旧ボランティア

忘れもしない2012（平成24）年7月14日の早朝。自宅の真下を流れる笠原川からの「ゴォーン、ゴォーン」という大きな衝撃音に目が覚めました。川を眺めると今まで見たことないほど水位が上がっており、軽自動車ほどの大きさの石がつぎつぎに流れています。

豪雨災害で棚田はナイアガラの滝のように泥水が流れていた

空を見るとこれまた土砂降りの雨。すぐさま家族を起こして「えがおの森」に避難しました。

この豪雨は、九州北部に大きな被害をもたらし、福岡県内では、ここ笠原地区と隣の八女市星野村がもっとも大きな被害を受けました。地滑りによる山腹崩壊や谷を削る土石流があちこちで生じ、河川や道路はもちろん、家屋や農林地に大きな被害をもたらしました。ようやく雨が収まった後、車で移動はできませんでしたので歩いて地区全域を見て回り、「あぁ今まで大切に守られてきた笠原の風景はもう元には戻らないかもしれない」と涙目で歩き回ったことを思い出します。

山村塾では災害直後から笠原復興プロジェクトと題し、避難所の運営や募金活動、災害ボランティア（2年間でのべ3500人）を実施し、農林地の復旧に取り組みました。過疎高齢化が進行する山間部において、このように多くの方々から支援が集まったのも、これまでの人と人とのつながりを大切にした、汗を流す現場でのボランティア活動を継続してきたからだと実感しています。災害直後は、山村塾の会員や里山保全や棚田保全に取り組む各地の仲間たちが駆けつけてくれました。災害復旧の経験者ではありませんが、グループでの現場作業に慣れ、道具の扱いも安心でき、何よ

重機が入らない茶畑での土砂撤去作業

りも笠原のことをよく知っている人たちはとても心強い存在でした。地域の人たちにとっても、山村塾、えがおの森は日ごろからボランティアが集う場所でしたので、そこからの支援ということでずいぶん安心できたようです。

また、一般的な災害ボランティアセンターは家の片づけや避難所支援といった生活面の支援に限られていますが、山村塾ではスタート時から「落ちついたら農地復旧、そのあとは農業支援を行なう」としていました。農山村での農家の暮らしにとって、自宅はもちろん大切ですが、田んぼや茶畑も同じく欠かせないものなのです。その山村塾による災害支援活動が刺激となり、近隣の八女市星野村、うきは市でも農林地の復旧作業を行なうボランティア活動が展開されました。

農山村で活動するＮＰＯが災害復旧支援に対応したこと、それが周辺地域の活動にもつながったことは、全国的にも貴重な事例として、九州大学大学院芸術工学研究院の朝廣和夫准教授らによる「中山間地水害後の農林地復旧支援モデルに関する研究」により、『災害後の農地復旧のための共助支援の手引き』というボランティア活動ハンドブックにまとめられました（詳しくはhttps：//ristex.jst.go.jp/cr/projects/h24.htmlをご参照ください）。

２０１３年、「５年間買うぞ！ 宣言」笠原棚田米サポーター１００人募集

山間部に多くのボランティアが訪れ、水路や棚田、茶畑の復旧に汗を流してくれたことは、地域の大きな力となりました。自分たちだけでは何年かかるかわからない、田んぼの大量の石拾い作業も大勢で行なうことでゴールが見えてきます。そして、小中学生や高校・大学生といった若い世代がたくさん来てくれたことも、農家の励みとなりました。しかし、ボランティ

アや行政に頼ることもなく、ただ荒廃していく棚田が数多くありました。棚田の耕作者の多くは高齢であり、災害をきっかけに農業をリタイアし、村を離れる決断をすることを止めることはできませんでした。

　そこで山村塾では、美しい棚田の風景を守り育み、棚田での米づくりを次世代が担うことができる仕組みづくりをめざし、災害翌年の２０１３年から「笠原棚田米プロジェクト」をスタートしました。この取り組みは、「5年間買うぞ！」の口約束をしてくれるサポーターを１００人募集し、１口４万５０００円／年で棚田米60kg（１俵）を毎月5kgずつ精米して届ける仕組みです。

　生産農家には60kg３万円の米代が支払われ、残り１万５０００円が送料と諸経費に充てられます。おかげさまで初年度から目標の１００俵の申込みを受け付けることができ、9軒の農家が参加、現在5年目です。「5年間買うぞ！」の口約束により、農家は安心して農地復旧や機材整備などに力を注ぐことができます。また、減農薬・無農薬など安心安全な特別栽培米への移行など、棚田米の品質向上により持続的な取り組みになることをめざしています。

「5年間買うぞ！ 宣言」
笠原棚田米サポーター 100人募集チラシ

　困難なことや失敗もありました。「5年間買うぞ！」はあくまで口約束なので、３年目以降のサポーター数が横ばいからやや減少したこと、飲食店向けに展開しようと大きな飲食店紹介サイトと連携したがまったく売れずに大量の在庫を抱えてしまったことなどです。ボランティア活動をコーディネートしていたNPOが農産物販売に参入したのですから、仕入れから在庫管理までわからないことだらけで、数年間は大変でした。まだまだ課題はあるのですが、何とかつぎの方向性が見えてきたと思います。

山村塾は23年前に2軒の農家の個人的な取り組みから始まりました。それが災害をきっかけに、地域に深くかかわり、将来をともに考える地域の伴走者と変化してきました。災害は災難ですが、NPOは地域の課題を解決することが役割であり、そういった組織や人たちがうまく対応することでよりよい将来も見えてくるように思います。

2017年、新たな取り組み「笠原棚田牧場」「環境保全型耕作放棄地対策マニュアル」

2017年秋、いよいよ笠原棚田米プロジェクトが5年目を迎えました。今後に向けて、復興支援の気持ちで「5年間買うぞ!」宣言をしてくれた人たちとどのように6年目の契約を結ぶのか? 新しい人をどう巻き込むのか? よりよいかたちで6年目に移行するためにも、特別栽培米への移行を完結させることが目標です。復興支援の気持ちから、少し高めのお米を買い支えていただいたわけですが、これからが本番となります。安心安全でおいしいお米というだけであれば、わざわざ労力のかかる棚田でつくる必要はありません。やはり将来に向けて、棚田や集落をどのように引き継いでいくのかビジョンが必要で、それに対し共感を得ていく仕掛けが必要です。

今、棚田を守るのに大切なことは、「絵になる風景」「生き物育む環境」、そして「豊かな暮らしを実感する場」だと考えています。そして、「米以外の選択肢」を積極的に考えることも急務です。残念ながらすべての棚田や農地を守っていくことは困難で、景観的に重要なエリアに草刈りボランティアを集中させ、あとは涙を飲んで山に返していくという判断もありえます。たとえば棚田を湿地性の休耕田として保全することで水生生物や野鳥などの住み処として確保するなど、目標に応じた取り組みをすることが都市部の企業やボランティアの協力を得られることにつながります。

2017年は新しく「笠原棚田牧場」がスタートし

ました。ヤギを棚田に放牧し、ヤギを眺めながら棚田を守る取り組みです。将来的には、ヒツジや牛や馬も導入できないかと考えています。棚田の1段目に牛、2段目に馬、そしてヤギ、ヒツジ、ニワトリ……と妄想は膨らみます。この牧場建設のために取り組んだクラウドファンディングでは97人65万9500円（2017年3月31日まで）の寄付が集まりました。ヤギが草刈り作業に役立つことはもちろんですが、なによりヤギのいる風景が見る人を和ませてくれます。これまで試行的にヤギをロープでつなぎ田んぼに入れてきましたが、都市部の人たちに限らず、地域のおとなも子どもも関心を持ってくれています。若手の農家からヤギを飼いたいという相談もありました。

笠原棚田牧場で棚田の草を食べるヤギ

　さらにヤギたちとつき合い始めて大きく変わったのが、草への視線です。農家にとって草は邪魔者ですが、ヤギたちにとっては食料です。ヤギを飼うことでだんだん草が資源に見えてくるようになってきました。「あの草むらは10日分、あそこは1ヵ月」といった具合です。

　お米をつくる人がいなくなったので、棚田がだんだん草むらになって、木まで生えてしまった――それが続けば、残された農家や訪れる人たちの気持ちがしだいに削がれていきます。時間の経過に流されるのではなく、将来像をイメージできるような複数の選択肢が必要です。

　今、山村塾ではそれを見えるかたちにするための「環境保全型耕作放棄地対策マニュアル」づくりを検討しています。手が回らないから、後継者がいないから、条件不利だから、とネガティブな考えで課題と向き合うのではなく、子どもたちの体験の場として、美しい風景のために、さまざまな生き物のために、ヤギと楽しく暮らすというように、前を向いて考えることが一番大切なことではないでしょうか。農山村地域にＮＰＯが存在する意義が見えてきました。

困りごと② 担い手・草刈り・用水路管理・空き家管理

地域の生活支援活動まで期待されるようになった集落営農

困りごとは行政だけに任せるのではなく、地域で解決

大分県宇佐市／農事組合法人 橋津営農組合「よりもの郷」

農事組合法人 橋津営農組合「よりもの郷」理事 仲 延旨

「おおいた農山漁村活性化戦略2005」

中山間地域が65％を占める大分県では農村の高齢化がいち早く深刻化し、毎年、主業農家が300戸減少し、水田は280ha荒廃し、集落は38集落が消滅していました。とくに生産条件の不利な中山間地域では経営規模が零細で米単作地域が多く、それに追い打ちをかけるようイノシシ、シカによる獣害被害が拡大し、有効な対策を見いだせない状況にありました。

そこで大分県は、2005（平成17）年に県農政の長期振興計画である「おおいた農山漁村活性化戦略

「よりもの郷」の役員

2005」を策定し、その中で集落営農の推進を重要な担い手対策に位置づけました。具体的には、大分県集落営農推進方針にもとづき、2015年度までに任意400組織、法人200組織を設立し、県内水田4万haのうち圃場整備ずみ2万8000haの7割にあたる2万haを集落営農組織と個別経営体で担うというプロジェクトでした。この計画にもとづき新たに鳥獣害対策専門普及指導員を配置するとともに、普及指導員を中心に関係機関で集落営農を推進することになりました（じつは筆者も、2012年に55歳で早期退職するまでその役割を担う普及指導員でした）。

その結果、2016年度までに法人206、任意組織425、計631組織が育成され大きな成果を上げることができました。現在、集落営農の法人化の動きは全国的なものとなりつつありますが、最近では設立された法人が、当初の目的である高齢化する農業者に代わって地域の担い手として農地を守り雇用の創出を図ることだけでなく、高齢者の家庭菜園の管理、河川等の草刈り支援、空き家の垣根の管理など、さまざまな生活支援活動まで期待されるようになってきています。私の住む橋津集落における、法人の設立から現在に至る12年間の活動の変化とむらの困りごとへの対応について報告します。

「よりもの郷」の設立と経営確立への歩み

(1) 橋津集落の概要と法人化の動き

橋津集落は大分県の北部地域に位置し、穀倉地帯の宇佐平野にありながら水田面積の半分しか圃場整備されていません。海抜8mで集落の中心を寄藻《よりも》川が流れています（組合の名前はその川の名前に由来）。集落の戸数は140戸で、そのうち農地の所有者は65戸いますが、多くの地権者は早くから2戸の認定農業者に農地を小作に出しており、実際に農業をしていたのは、2戸の認定農業者（集落の60％を耕作）と13戸の兼業農家の計15戸が集落の農地24・5haの水田を耕作していました（一部、集落外からの入り作もありました）。

2005年当時2人の認定農業者はすでに65歳を超え、「もうこれ以上農地を引き受けられない」と言い、兼業農家も今後高齢化していく中で誰も担い手がいなくなり、外部からの入り作が増えて集落は荒れていくだろうという危機感が高まり始めました（表1）。そこで、今後の集落の農業を心配する数名の農業者や集落の役員をまじえて営農組合設立の話し合いを進めることになりました。2005年1月のことでした。

(2) 簡単な合意形成への努力と工夫
——風にそよぐアシのように、柔軟に、やさしく

これまで法人化に取り組んできたほかの集落の事例を見ると、最初の話し合いから設立総会まで早くて2年、なかには5年も話し合いを続けたところもありました。そんな話を聞くと気が遠くなりそうでした。そこで、もっと簡単に合意形成できないかと考え、法人化に賛同する人だけで設立し、その実績を見て後から参加したい人は自由に参加してもらえばよいのではないかという考えで進めたところ、案外簡単に法人化することができました。そのほかにも参加しやすいように、次のような工夫をしました。

表1　組合員の労働可能人数の推移と年齢

年/年齢		2005	2006	2007	2008	2009	2010	2011	2012	2013	2014	2015	2016
認定農家	①	67	68	69	**70**	**71**	**72**	**73**	**74**	**75**	**76**	**77**	**78**
	②	68	69	**70**	**71**	**72**	**73**	**74**	病気離農				
兼業農家	①	67	68	69	**70**	**71**	**72**	**73**	**74**	**75**	**76**	**77**	**78**
	②	62	63	64	65	66	心臓病	68	69	病気離農			
	③	65	66	67	68	脳梗塞	70	71	72	73	74	75	高齢離農
	④	58	59	60	61	62	63	64	65	66	67	68	離農
	⑤	67	68	69	**70**	**71**	**72**	**73**	**74**	75	76	77	78
	⑥	64	65	66	67	68	69	**70**	病気療養				
	⑦	法人小作	オペレーター	51	52	53	54	55	56	病気療養			
	⑧	63	64	65	66	67	68	69	70	病気療養			
	⑨	68	69	**70**	**71**	**72**	**73**	**74**	**75**	**76**	**77**	**78**	高齢離農
	⑩	51	52	53	54	法人へ小作	離農		58	59	60	61	62
	⑪	57	58	59	離農								
	⑫	64	65	死亡									
	⑬	52	53	54	死亡								
	⑭		77	78	79	80	81	82	83	死亡			
	⑮	作業委託	74	75	76	死亡							

注：▒ 高齢や病気で離農する農家。2017年以降、5年以内には集落内を全部管理するようになると予想される
2015年の裏作から、隣集落の農地も期間借地で管理している

①わかりやすいビジョンを示す

・わが集落の現状と今後のきびしい姿を数字で示し、組合の運営計画のビジョンを具体的に示す。

②過半数の合意で法人設立を決定

・全員説明会を開き、過半数の合意で設立を決定する（耕作者はほぼ賛成）。

・設立総会の日程を決め、それに向けて準備を始める。

③法人化したい人を中心に、短期集中検討

・法人化に前向きな人を中心に役員の仲間づくりをする。

・1、2週間に1回のペースで議論を重ね、何回かの全員集会で意見集約をする。

・法人化に反対の人は無理に説得せず、後で加入希望があれば無条件で加わってもらう。

④出資金は各人の出せる額で確保（約350万円、2万円／10a）

・各人の事情をよく考慮し、個別事情に応じた対応をする（とくに年金受給高齢者に配慮）。

・発起人2人1組で戸別訪問し、よく説明して出資をお願いする。

⑤農地の利用権設定は、無理を言わずできる人だけで

・最初から無理に農地の利用権設定を求めずに、つくれなくなった人から利用権設定をしてもらう（5年もすれば多くの人がつくれなくなり、農地は自然に組合に集まると考えた）。

⑥自己保有農業機械を中古価格で買い上げて活用

・組合で利用可能な機械のみを査定して買い上げる（査定は農協の農機センターの職員である当組合の理事が担当）。

・機械を出した人は自分の水田、畑の作業は無料で自由に使え、機械の修理はすべて組合が負担する。自分の出した機械が廃棄になった後は組合の機械を自由に無償で使用できる。

法人間連携の機械のレンタルで
タマネギの定植作業

タマネギのフレコン収納による重労働の改善

⑦設立後の組合への加入は自由に

・設立時に加入しなかった人も、その後の組合の実績を見て加入したいときは、条件をつけずに自由に加入してもらう。

⑧認定農業者との利害調整での配慮

・大規模稲作農家には少しの面積を組合に利用権設定し、これまでどおり自己経営を続けてもらうことで認定農業者の転作奨励金等の交付金所得が確保できる。

このような新たな発想で、1回目の全員説明会からわずか3ヵ月で法人設立というウルトラCをなしとげ、関係者をアッと言わせました。こうして、圃場整備率50%、排水不良等の条件不利地域、しかも経営面積はわずか4・7haという県下一の弱小法人が立ち上がったのです。

役員一丸となった経営安定化への努力——ただ、収量の向上とコスト低減ひとすじに

(1) 組合の特徴と経営の苦労

経営規模が小さいため、少しでも経費を抑えるように自分たちでできるところは勉強して自前で行なうよう努力しました。たとえば、登記などの事務は司法書士に頼まず行ないました。また、会計経理は会計担当がパソコン複式簿記を猛勉強し、決算書の作成まで行ない、申告のみを税理士に委託したので、わずか3万5000円で法人税、消費税の申告ができました。

そして、当初組合員のみなさんには時給800円という安い労賃で辛抱してもらい、農地は排水不良、耕作放置になっていた1枚3aの狭い農地など、どんなに条件が悪くてもすべて耕作し、200%の利用率で活用しました（表2）。台風の大雨で冠水し転作大豆が全滅、コンバインやトラクターの横転事故により多大な修理費用や新たな投資が迫られたこと、米価の下落、台風による水稲の全面倒伏で販売した米に石や草の種が混入していてクレームや返品があったこと、新規品目のタマネギが6月の収穫期の長雨で貯蔵中に腐敗が進み、半分を廃棄して大きな赤字を出すといったことなど、さまざまな困難をなんとか乗り越えてきました。

もっとも危機を感じたのは、設立後8年目（2013年）に主力オペレーターが不慮の病気になり作業ができなくなったときでした。しかし、その前年より集落

表2　橋津集落の変化（単位：ha）

	農家数（内認定農家）	水田	水稲	飼料稲	大豆	麦	遊休地	野菜	利用率
2005年	15（2）戸	24.5	15.1	0	9.0	12.0	0.4	0	140%
2016年	3（1）戸	24.5	8.5	6.0	13.5	29.0	0	1.5	200%

注：法人設立前には、地権者65人、耕作者15人（2人の認定農業者と13人の兼業農家）がいた
裏作麦は、隣接集落の期間借地を含む

調製に頑張る「玉ねぎレディース」

内にいた30歳と47歳の若者が組合に就農し、オペレーター技術をマスターしつつあったため、おおいに助かりました。

(2) 組合を支える「玉ねぎレディース」

組合は設立3年目（２００８年）から低下する米価とめまぐるしく変わる農政の中で、今後の米づくりには希望はないと決断し、米から転作作物中心の経営に転換しました。麦、大豆を中心に、将来の常時雇用導入のために地域の振興作物であったタマネギを少しずつ拡大しました。

初めて取り組むタマネギに何度も病気や雑草対策の失敗を重ねながら技術を高めてきました。とくに流通経費を抑えるために農協出荷ではなく自前で出荷調製、選別、出荷を行なっていますが、当初から地元の８人の女性が「私たちに手伝えることがあれば」と根切りや葉切りの調製作業を応援してくれたおかげで面積を拡大し、利益を出すことができるようになりました。この裏作タマネギの面積拡大（40ａ→１２０ａ）により、冬場の作業時間が確保でき、３人の若者の年間専従雇用が可能となりました。

(3) 集落を救った3人の若者

大分県の集落営農法人で若い専従者を確保できている法人は10％もなく、役員の高齢化のため、次世代の担い手確保が緊急の課題となっています。

橋津集落の農業者の推移は以下のとおりです。

組合設立時には15人いた農業者も年が経つうちに病気リタイヤが増え、現在では農作業に従事できる人は3人になってしまいました。そして、現在3人の専従職員が育ちつつあります。組合の役員は、12年前に集落の担い手として思い切って法人化していてよかったと、今さらながらホッとしています。

２０１７年から３人の若者は月給制にし、社会保険（健康保険、厚生年金）を掛けるようにしました。それにともなう組合経費の負担を抑えるため役員も当分の間、役員報酬は２分の１カットし、専従者の待遇改善に向け身を切る努力をしています。

これから、地域へ恩返しの「困りごと支援」

法人を設立して８年が経過したころから資金繰りも楽になり、経営は安定化し賃金も人並みになってきました（図１、図２）。

借地料（小作料）は玄米60kg（圃場条件に関係なく一律。現金の場合は10ａ当たり１万２０００円）。

賃金は、作業内容に応じて時給９００～１２００円（専従者は月給20万円）。労賃や小作料等として集落に落ちるお金は、年間１５００万円を超えました（表３）。

また、設立時からオペレーターや農作業に頑張ってくれた役員や作業員も高齢化し、平均年齢が74歳を超えました。そうした中で３人の専従職員が一人前にな

若者3人の専従職員

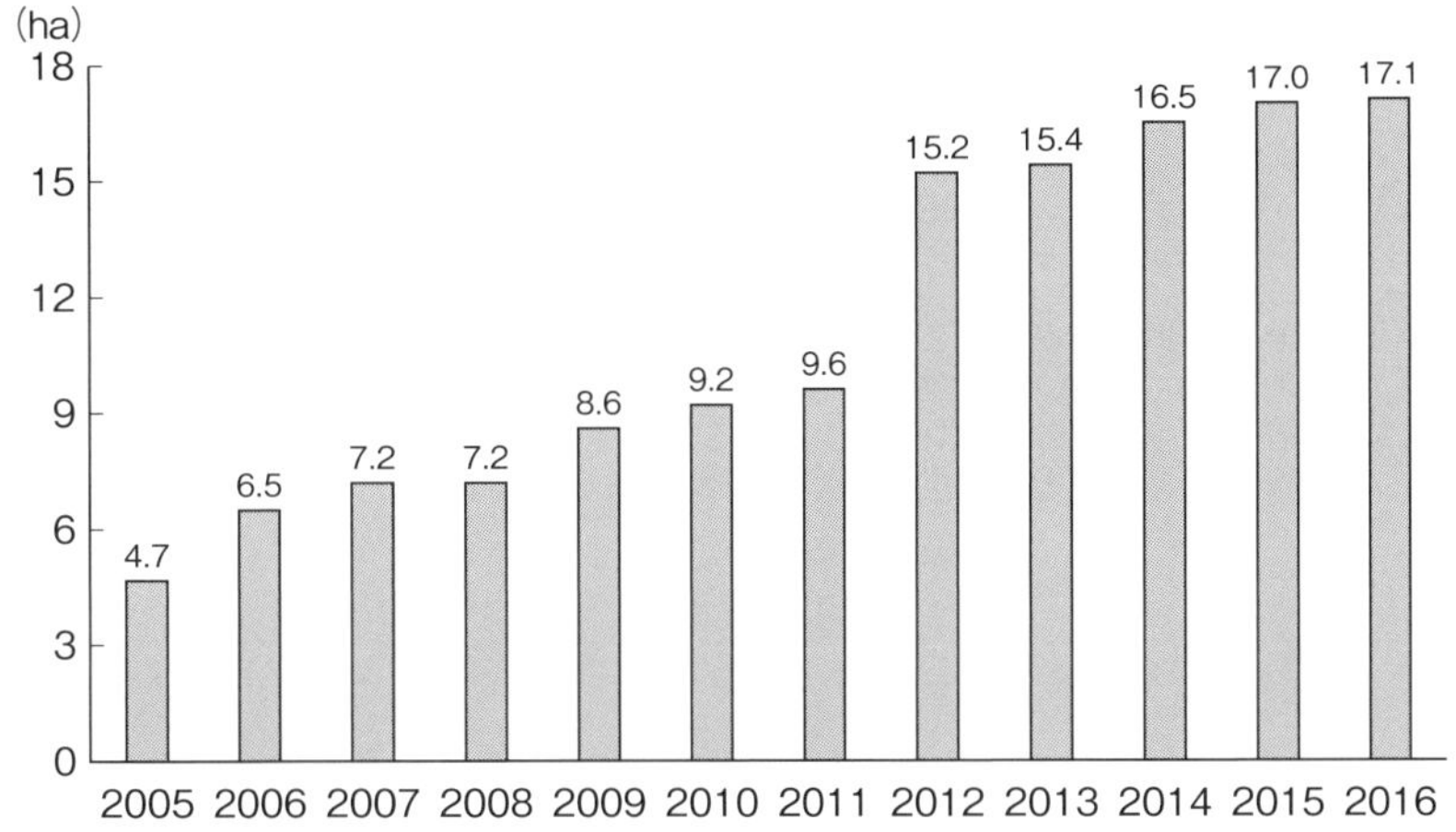

図1　経営面積の推移

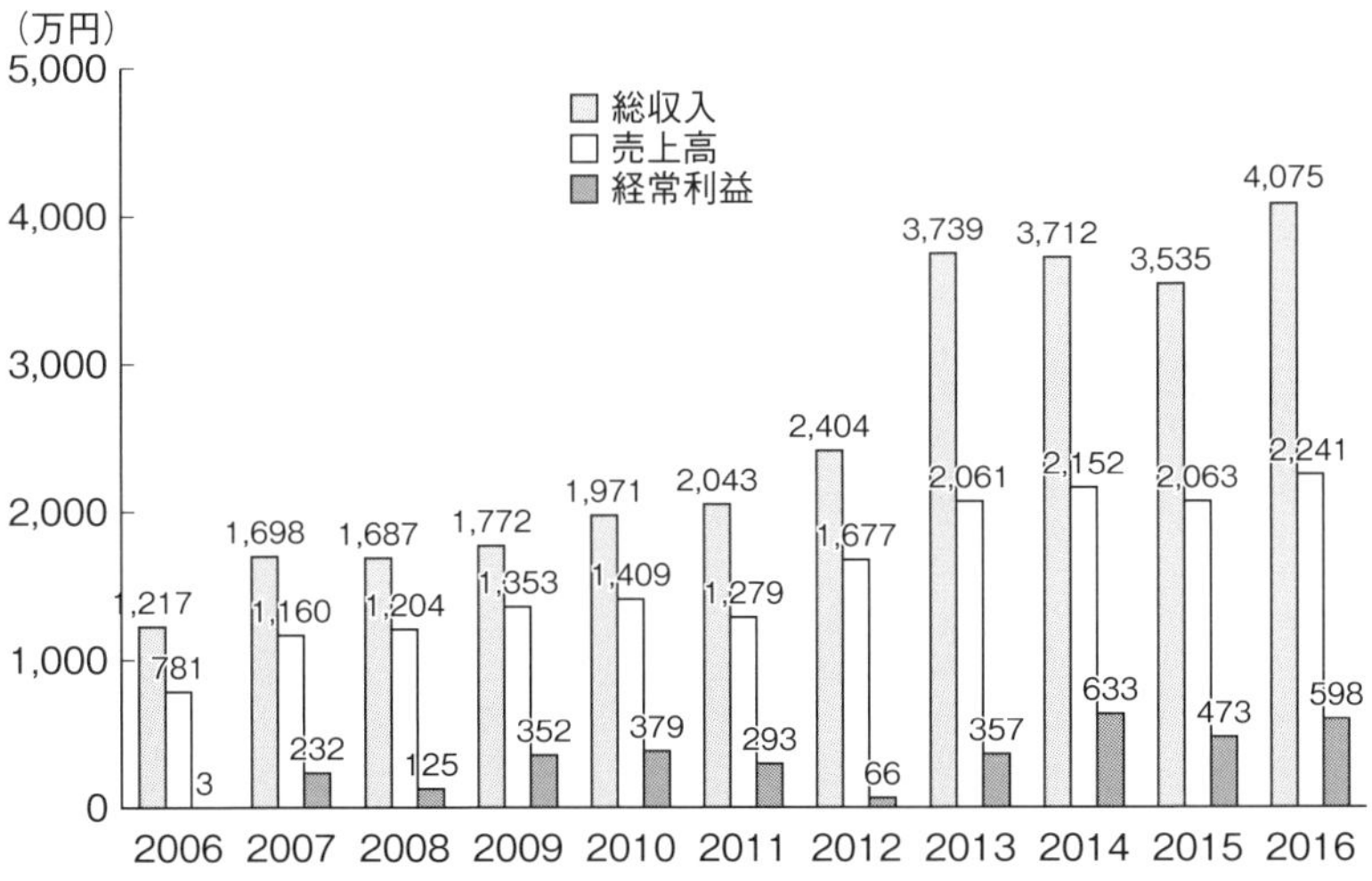

図2　「よりもの郷」の経営状況の推移

表3 「よりもの郷」の経営の推移

	経営面積	総収入額（千円）	農業収入額（千円）	集落還元額注2（千円）	機械施設投資額（千円）
2005年	4.7ha	6,885	3,837注1	3,831	10,883
2016年	18.5ha注3	40,747	22,409	16,989	51,527

注1：設立時の2005年は麦の収入がないので総収入は少ない
注2：集落還元額は、労賃、小作料、機械使用料など集落に還元される金額です
注3：利用権設定した面積が17.1haで、このほかに地主の意向で利用権設定していない面積が1.4haあるので実際の経営面積は合わせて18.5haになる

	オペレーター	作業員	水稲（ha）	飼料稲（ha）	大豆（ha）	麦（ha）	タマネギ（ha）	稲育苗（ha）	作業受託（ha）
2005年	4人	7人	1.5	0	3.4	7.3	0	800	3.2
2016年	5人	16人	4.1	3.8	8.7	20.2	1.5	1,800	1.0

り頑張ってくれるようになりましたので、役員の出番はなくなり、イネの播種作業、田植え前の草刈り作業、タマネギの補植作業や収穫調製作業等だけを手伝うくらいで、ずいぶん楽になりホッとしています。

このように少し余裕が出てくる中で、地域の困りごとへの支援も積極的に行なうようにしています。

(1) 支援その1　米の精米宅配

組合では、集落内住民の保有米と小作米だけを作付けし、年間350袋販売していますが、年々集落内の注文量が減少していました。話をよく聞いてみると、高齢者の方は1袋30kgの米を買っても重くて近くのコイン精米所に持って行けなくなったので、米屋さんから買って配達してもらうようにしたとのこと。そこで組合が精米し、保存性の高い5kgの真空パックで宅配するようにしたところとても喜ばれ、今後も需要は増えるだろうと思います。

(2) 支援その2　草刈り

集落の中心を流れる寄藻川の土手は地域の人たちの散歩道です。集落では数年前から市が推進する健康チャレンジ運動に参加しており、多くの人たちが夕方

のひととき散歩をしています。

組合では、その道の草刈りをときどき行ない喜ばれています。最近では、草が伸びてきたら「ぼちぼち草刈り時期だよ」と催促されることもあります。組合にはモアーという乗用型の草刈り機があるので楽に作業ができます。

最近では家庭菜園の耕起や畔草切りの作業依頼も少しずつ増えているので、低料金で行なうようにしています。

モアーによる河川敷の散歩道の草刈り

また、隣の集落で集落の担い手として頑張る60代の認定農業者に農地が一気に10ha集まりました。ところが中山間直接支払交付金の対象となっている農地は圃場整備をしていますが法面が1～4mと高く、畦畔の草刈りが大変でとても一人では管理できません。シルバー人材センターは平坦な畔の草刈り作業は引き受けますが、法面は危険作業のため引き受けないとのことでした。中山間地域の農地の畦畔管理は崩落の危険があるため除草剤も使えず、草刈り作業は大変重労働で規模拡大の大きな阻害要因にもなっています。そこで、その3分の1の裏作を当組合が期間借地する代わりに表作での草刈り作業を作業受託として引き受けることになりました。若い専従者がいるということは本当に頼もしいかぎりです。

(3) 支援その3　用水路の管理

昔は毎年、農家総出で水路や農道の整備を行なってきました。しかし最近では耕作者の減少で、農道の草刈りはどうにかできますが、用排水路の泥上げは重労働のためほとんど実施されなくなりました。区長が農家に呼びかけても誰も出てこなくなったからです。ましてや集落外から入り作に来る大規模農家などはまっ

組合による用排水路の泥上げ

たく取り合わないのが実態です。しかし泥上げを行なわないと田の排水が悪くなり、麦や転作大豆の作柄が低下してしまいます。橋津集落でも同様の状況でしたが、組合ができてからはすべて組合が引き受け、3年に1度、用排水路の泥上げを行うようになり、かなり田の生産環境がよくなりました。

(4) 支援その4　空き家の管理

橋津集落は140戸ありますが、高齢者が亡くなった後の空き家が増え、14戸になりました。家族は県外等にいるためその管理は十分にできず、伸びた垣根の枝が道にはみ出して通学の障害になりそうなところもあり、組合がボランティアで剪定管理もしています。また、空き家のボヤ騒ぎもあり、最近では空き家管理や墓掃除もしてもらえると助かるという意見もちらほら出ていて、今後はそのような農作業以外の生活支援の作業受託の要請も増えてくるものと思われます。

「よりもの郷」に励まされる視察者たち

農村の高齢化と崩壊は行政が心配する以上の速さで進んでいます。中山間地域はとくにそうです。人の管理が手薄になったところからイノシシやシカの獣害被害が拡大し、農地の荒廃が進んでいきます。これまで、一部の認定農業者に頼って管理していた農地も高齢化で限界にきつつあります。

「よりもの郷」には、毎年県外から500人くらいの視察者が訪れます。現地を案内し、公民館で説明すると視察者のみなさんは元気が出てきます。それは当組合が、経営面積わずか17・1haで、しかも半分しか圃場整備ができていない田が大小200枚以上あり、低地で排水もあまりよくなく、しかも山際の圃場はイノシシが出るのでその遊び場として「解放」しているという悪条件の中で、3人の専従職員を抱えて経常利益を上げているということを知り、「自分たちの集落のほうがもっと条件がよい」と感じて希望がわいてくるからです。そして、多くの視察者は「自分の集落でも法人化を考えてみよう」と、明るい顔になって帰って行きます。そんなとき、少しはお役に立てたかと思うとホッとします。

橋津集落も12年前に思い切って法人化し、その後の経営努力で3人の若者が専従として育っています。もしあのとき、法人化を思い立っていなかったらと思うとぞっとします。これまでは、集落（むら）はみんなの協力で運営されてきましたが、それがむずかしくなりつつあります。しかし、ここで生活する人びとがいるかぎり、みんなの困りごとは行政だけに任せるのではなく、地域で解決しなければならないのです。

これからは、「よりもの郷」も、農業分野だけでなく、地域の生活支援活動までも期待されています。たとえ、国の政策が変わったり交付金がなくなったりしたとしても、ただひたすら収量（売上げ）の向上とコストの削減と販売に努力すれば、必ず生き残れるだろうと考えています。若者も女性も高齢者も楽しく働けるのが集落営農です。そんなむらづくりに向けて「よりもの郷」の夢はこれからも広がります。

「よりもの郷」のキャラクター

（注）「よりもの郷」の活動については、農文協編『事例に学ぶ これからの集落営農』（２０１７年）に、より詳しく紹介されています（編集部）。

困りごと③　人口減・高齢化・獣害

地産地消給食で未来をつなぐ！日本一小さな村の挑戦！

高知県大川村／集落活動センター「結いの里」

大川村集落支援員　和田将之

集落活動センターの地産地消給食

小中学生合わせて30人の小さな学校に、今日も地元の食材を使った給食が届く。ジャガイモ、ニンジン、タマネギ、キャベツ、キュウリ、ホウレンソウ、カラーピーマン……。地元の農家やお年寄りが、真心を込めて育てた新鮮で安全な食材だ。野菜だけでなく、特産の黒毛和牛や地鶏も献立に並ぶ。そんな地域の魅力がぎっしり詰まった温かい食事が、毎日学校や保育園へと配送される。

ここは高知県大川村。人口が400人に満たない、

大川村の給食。子どもと一緒に育てた大川村産米を使用

とても小さな山村だ。私は2016（平成28）年度までは地域おこし協力隊、そして2017年度からは集落支援員として、給食と地元住民をつなぐ仕事をしている。集落を回って農家さんから情報を集め、給食に必要な野菜を買い取り、調理場に届ける役割だ。

それまで利用していた近隣地域の給食センターから離脱し、大川村独自の給食がスタートしたのは2016年4月。調理施設を運営しているのは、集落活動センターという組織。高齢化や人口流出に苦しむ中山間地域の活性化をめざし、高知県全域で設立が進められている地域運営組織で、大川村の集落活動センターは「結いの里」という。

大川村が給食事業を始めた理由はおもに三つ。一つ目は、温かい給食を届けるため。以前利用していた村外の給食センターは、運搬に30分以上かかっていた。二つ目は、非常時にも安定して給食を届けるためだ。大川村と隣町をつなぐ県道は、大雨などの際に頻繁に土砂が流れ込む。迂回路がないため、学校に給食が届かない恐れがある。

そして三つ目の理由は、過疎高齢化という村の課題を解決するためだ。「人口400人の大川村を立て直すことができれば、高齢化や人口減少の危機が訪れる日本社会の希望の光となる」。給食を運営する集落活動センターの開所式で、高知県の尾崎正直知事はこのように力説した。給食を通じた取り組みが、どのように地域を変えていくのか。大川村の置かれた状況を踏まえて説明していこう。

地産地消給食からの「困りごと解決」

私の住んでいる高知県大川村は、人口がわずか406人（2016年10月31日現在）。離島を除けば日本でもっとも人口の少ない自治体だ。四国のほぼ中央に位置し、周囲を1000m級の山々に囲まれた急傾斜地に家や田畑が点在する。森林率はおよそ94％。村内のほぼ全域が緑で覆いつくされている。65歳以上の人口比率は約45％で、他の過疎地域と同じく人口減少と高齢化に悩まされている。

かつて、大川村には4000人以上の人びとが暮らしていた。おもな産業は林業や畜産、そして鉱山の経営。主幹産業だった白滝鉱山の最盛期には、県内でも有数の豊かな自治体だったという。しかし、昭和40年代に廃鉱で企業が撤退し人口が激減。さらに、早明浦ダム建設で村の中心地が水没。土地や家を失った村民

村の中心部と早明浦ダム。水中には昔の役場や集落が沈んでいる

が続々と村を離れ、人口は減少の一途を辿った。

人口が減る一方で、野生動物による農作物の被害が拡大している。イノシシによって田畑が掘り起こされたり、サルに野菜を奪われたりするケースが相次ぐ。険しい山間部にある大川村は、農業に適しているとは言いがたい。ただでさえきびしい環境に獣害が加わり、耕作意欲を失う住民も少なくない。

そのような大川村の課題を解決するのが、給食事業の目的の一つである。地元給食がスタートしたことで調理スタッフの雇用が生まれ、ＩターンやＵターンの家族が2組移住してきた。食材を給食に使うことで地元の方の農業への意欲も高まり、作付面積を増やしたお年寄りもいる。始まって間もない取り組みだが、着実に成果が生まれ始めている。

そして地域にとって何よりうれしいのが、子どもたちの声だ。「給食がおいしい！」「給食が楽しみ！」という声が、学校に行くと聞こえてくる。給食を通じて大川村の子どもたちに、地元の魅力を知ってほしい。私の考える大川村の魅力は、雄大な自然とそこで育つ食べもの、そして人びとの温かさだ。

昨年は子どもたちに農業にふれてもらうため、田植え体験イベントを企画した。これまで大川村を支えてきた方の想いを受け継ぎながら、将来を見すえた地域づくりに取り組むことが大切だ。これからも学校と農家、地域と子どもたちをつなぐ役割を果たしていきたいと思う。大川村の未来につながる給食事業に携わることができ、やりがいと誇りを感じる毎日だ。

移住のきっかけ「緑のふるさと協力隊」

かく言う私も、２０１４年に大川村に入ってきた移住者である。出身は群馬県前橋市。大学卒業後、地元

緑のふるさと協力隊の活動で地域の高齢者宅を訪問

の企業に就職したものの、農業や田舎暮らしの憧れから半年足らずで退職。夜間のアルバイトと農家の手伝いをしながら、農山村への移住の仕方を模索していた。しかし、田舎に知り合いがおらず、農業や田舎暮らしのスキルや知識のない私にとって地方への移住はかなりハードルの高い目標に感じていた。そんなときに出会ったのが「若葉のふるさと協力隊」だった。

若葉のふるさと協力隊は短期間の田舎暮らし体験プログラムで、東京にあるNPO法人地球緑化センターが企画している。私は2013年秋に、山形県小国町と岡山県鏡野町の2ヵ所でそれぞれ5日間を過ごした。小国町ではキノコ狩りや農作業を、鏡野町では道造りやイベント運営などを体験。活動の中で地域住民や移住者、現役の協力隊の話を聞く機会があり、田舎暮らしへの考え方に大きな影響を受けた。

とくに印象に残っているのは、道路の草刈りをしながら聞いた地元の高齢者の話だ。山や田畑を守ることの大切さ、そして田舎で生きることの喜びときびしさが伝わってきた。協力隊員の話からは、楽しいだけではない田舎での生活の実情を知った。田舎へ若者が移住し、地域に定着することは並たいていのことではない。憧れを抱いていた田舎暮らしを現実的なものと捉え、甘い考え方を捨てるターニングポイントとなった。

鏡野町から帰った後、私は緑のふるさと協力隊に応募した。若葉のふるさと協力隊と同じ地球緑化センターが主催しており、任期は1年間。ボランティアとして、農山村で農業や地域行事、草刈り、イベント参加など幅広い活動に参加する。田舎での暮らしに1年間つかることで、自分の適性や忍耐力を試そうと考えた。

移住や田舎暮らしへの不安がまったくなかったわけ

小中学生と田植え。保護者や地域住民など約30人が集まった

「若葉のふるさと協力隊」で田舎に興味のある若者と地域住民をつなぎ、大川村の魅力をPR！

ではない。自分の興味のあることに全力でぶつかり、生き方を決める勝負をしてみたいという気持ちが上回ったのだ。このときの決断が、私の人生を大きく変えた。

２０１４年４月、大川村へ赴任。移住1年目は、がむしゃらで必死な毎日だった。誰ひとり、知り合いがいない。協力隊への地域の理解も進まず、最初は活動先もなかった。一つの出会い、一つの作業が地域への信頼を獲得するための勝負だ。やがて、近所の移住者夫婦が親身に面倒を見てくれるようになり、活動先が格段に広がった。地域の方との距離も近くなり、着任から数ヵ月で大川村が第二のふるさとになった。

人口４００人の大川村だが、移住者や若者も少なくない。とくに、20代～30代の若手メンバーで構成される青年団には、約30人が集まり活気がある。地元の夏祭りや、１５００人の集客を誇る「謝肉祭」などのイベントを主催している。20代の移住者も青年団の半分ほどを占め、若者同士での飲み会や街中に遊びに行く機会も多い。若い世代の明るい雰囲気が、地域へ溶け込みやすい環境をつくり出している。

地域おこし協力隊から集落支援員へ

そして、現在。緑のふるさと協力隊の任期が終了した後、私は地域おこし協力隊として大川村に残った。おもな活動内容は、冒頭で紹介した給食事業のほかに農業、イベントの企画・運営、学生の受け入れサポートなど幅広い分野にわたる。村内全域をフィールドに、縦横無尽に駆け回る毎日だった。

地域おこし協力隊の任期は最長3年。通常、最後の1年を起業のために使うケースが多いと聞いている。そんな中、今春、役場から集落支援員にならないかという打診があった。「立ち上がったばかりの結いの里の運営を軌道に乗せ、地域支援に尽力してほしい」と。地域のみなさんと取り組んだ地産給食も評価していただき、協力隊を2年で卒業して、新年度から集落支援員に就任した。

大川村の豊かな暮らし

プライベートも充実している。2016年3月に結婚。妻は、大川村のホウレンソウ農家の次女である。緑のふるさと協力隊の活動を通じて親しくなり、移住1年目から交際がスタート。結婚を機に、苗字を旧姓の「金井」から「和田」へと変えた。現在は、妻の実家で義理の両親と祖母と3世代で生活。築100年を超える和田家には、薪で沸かす五右衛門風呂やかまどが残る。給湯器やガスコンロも併用していて、便利さと昔ながらの趣が調和する豊かな暮らしだ。

大自然の中の毎日は、四季折々の楽しみに溢れている。春は渓流釣りが解禁されるシーズンだ。早朝や夕方に、近所の沢でアマゴやイワナを釣る。夏には村の中心を流れる清流・吉野川でウナギを獲る。七輪で炭火焼きにした天然ウナギの蒲焼は絶品だ。秋には登山やキノコ狩り、冬にはイノシシ猟を行なう。

義父はイノシシ猟師だ。猟犬を使ってイノシシを追い詰め、最後は鉄砲で仕留める。私も一昨年に罠猟の免許を取得した。次は猟銃免許を取って、親子で山へ猟に行くのが目標だ。

仕留めたイノシシはナイフを使って捌く。初めは慣れなかった解体作業も、今ではお手のものである。肉はシシ汁にするのが大川村では一般的だが、私は燻製にするのが好きだ。香辛料と桜のチップで獣肉の臭みを消した特製のイノシシジャーキーは、酒好きの義父のお墨付きをもらっている。

移住して3年目の2016年には、自宅に手づくりの石窯を設置した。ホームセンターで耐火コンクリートやレンガを購入し、妻と2人で約2ヵ月かけて完成させた。最近は、畑で採れた小麦や野菜を使った自家製ピザを楽しんでいる。わが家の畑では、ジャガイモ、タマネギ、キュウリ、カボチャ、トマト、キャベツな

2017年度緑のふるさと協力隊隊員の
阿部夏海さん（左）と筆者

ど10種類以上の野菜が育つ。自家消費だけでなく、小中学校の給食にも提供している。

さらに地域の人に田んぼを借り、米つくりにも挑戦した。山間地の大川村には片手で数えるほどの田んぼしかない。稲作には不向きの土地柄だが、荒地を鍬と手押しの耕うん機で一から開墾。6月には地元の子どもたちと田植えを行ない、10月に無事収穫を迎えた。山奥の田んぼが地域と子どもをつなぐ役割を果たしている。

きびしい環境の中で、大自然の恩恵を受ける暮らし。本当の意味での豊かさについて、あらためて考えさせられる。大川村に移住してからの毎日は、「生きている」という実感に溢れている。

大川村の将来と、私の使命

農業や田舎暮らしに憧れ、道を探し求めた末にたどり着いた大川村。多くの方の支えもあり、コツコツと自分の生きる道を切り拓いてきた。移住者から村民の一員になり、公私ともに充実した日々を送っている。地域、学校、若者、移住者。さまざまな立場の人びとをつなぎ、人口４００人の力を結集していくことが私の使命だと感じる。日本一人口の少ない大川村、そして私の挑戦は始まったばかりだ。

困りごと④ 混住化による人のつながりの希薄化・ゴミの不法投棄・地域資源の保全

85%が非農家の混住地域で〝協働のまちづくり〟

多面的機能支払（農地・水・環境保全向上対策）を活用して

栃木県那須塩原市／三区町環境保全隊・特定非営利活動法人 三区町地域資源・環境保全会
三区町環境保全隊事務局長　鈴木良雄

しかし、近年、農業従事者の減少や高齢化、新興住宅の増加にともなう混住化が進行し、集落機能の低下によって、農地や農業用水などの生産資源の適切な保全管理が困難となってきました。

その一方で、「ものの豊かさ」より、ゆとりや自然とのふれあいといった「こころの豊かさ」が重視されるようになり、環境に対する人びとの関心が高まってきたように思います。

私たちの地域においては、1970年代後半の近隣地方自治体への大手企業の工場進出にともなう新興住宅の急激な増加によって混住化が進み、10年ほど前に当時約750戸の85%が非農家となり、ゴミの不法投

混住化による集落機能の低下、資源管理の困難

栃木県の北東部に位置する三区町地区は、那須野ヶ原扇状地の扇央部に位置し、日本三大疏水の一つである〝那須疏水〟の豊かな水が流れ、農村の自然環境にも恵まれた地域でもあり、表流水と地下水利用による水田稲作（約159ha）を主幹産業としています。

農村の美しい景観や豊かな自然は、長年の農業生産活動や、ともに生き、ともに働き、支え合うよき村の文化と共同作業により維持保全されてきたものです。

棄や人と人とのつながりが希薄になるなど、大きな課題を抱えていました。

このような中で、農村環境の保全と、農業農村の持続的発展を目的とした地域資源の保全、質的な向上を図る地域ぐるみの「共同活動」と農業者ぐるみの「先進的な営農活動」を一体的に支援するなどの「農地・水・環境保全向上対策」が、2007(平成19)年度から施行されました。それにともない、農村環境と地域資源の保全および農村社会の大きな課題の一つである「人と人とのつながりをどう構築していくか」を大きなテーマとして「三区町環境保全隊」を設立しました。

広報、アンケートからNPO法人設立へ

活動するにあたり困ったことは、事業名が「農地・水・環境保全向上対策」であるために、約85%の非農家の住民の理解と参加が得られるかどうかでした。

そこで考えたことは、この事業が農家だけではなく、「非農家が一緒になって活動するものであること」「活動することのメリット」などを記載したチラシを作成し、自治会の班(当時は44班)を通して活動への賛同者を募ったことです。その結果、約500人の賛同者があり、活動をスタートしました。

活動を始めた当時は、「税金のばらまき」と言われたり、「交付金の使い方が不透明」といったうわさを流されたりしたこともありましたが、それらを払拭するためには「活動のメリットをくり返し説明すること」「地域住民の目に見える効果を少しでも早く出すこと」が必要だと考えました。

そのための取り組みとして、活動内容をアピールする広報誌「三区町環境保全隊広報」を3ヵ月毎に作成し、自治会の班組織を利用して全世帯に回覧広報をしました。また、活動1年目に参加した構成員(約300人)を対象にした活動報告会(1月・2月)を4回に分けて開催し、参加者からのさまざまな意見を2年目の活動に反映しました。

広報誌は、文字を少なくし、写真を多くするなどの工夫により、楽しく読めると地域住民から喜ばれています。また、活動報告会も2年毎の開催として継続しており、活動のレベルアップにつながっているところです。

私たちにとって、ステップアップと地域の将来の方向性を決めるうえで最大の活動は、5年の事業が終わる2011年度末提出の「体制整備構想の策定」を義

務づけられていたことでした。

この体制整備構想は、地域におけるさまざまな現状分析をしたうえで、「将来展望を実現するために取り組む具体的方策」を策定することにありました。

そのために２００９年４月に23人の老若男女を選出し、運営委員会として組織化、３年間にわたってさまざまな課題について協議を重ね、２０１１年３月には、「将来展望を実現するために取り組む具体的方策」（11項目）を三区町環境保全隊体制整備構想（成案）として国に提出しました。

運営委員会が最初に実施したことは、未来永劫地域の合言葉となる三区町のスローガン「好きです！ 那須疏水と緑豊かな郷・三区町」「守ります！ 那須の大地と清らかな疏水」を地域住民１５０人の投票で決めたことです。

このスローガンを地域全体に周知し、地域の合言葉として定着させるため、三区町環境保全隊、自治会などの広報誌に常時掲載した結果、２０１４年秋祭りに実施したアンケート調査（１５０人）では認知度82％でした。

また、２００７年度から２０１０年度までの４年間の活動を検証するために、構成員３２１人を対象にアンケート調査（回収率76％）を実施した結果、「人と人とのつながりが強くなった」「ゴミが少なくなった」「花が咲いてキレイになった」「那須疏水の多面的な用途について理解ができた」「農業の大切さがわかった」など、高い評価を得ることができました。

さらに、活動を将来にわたって継続するための組織のあり方については、「ＮＰＯ法人組織を立ち上げる」との回答が74％あったため、２０１２年１月に「特定非営利活動法人三区町地域資源・環境保全会」を設立しました。

農家、非農家、年代、性別を超えて協働

それでは、老若男女できるだけ多くの地域住民が参加できるバランスの取れた活動として企画し、取り組んできた「将来展望を実現するために取り組む具体的方策」についてご紹介します。

①地域リーダーの育成

農村における最大の課題である「地域の農業、農村環境を誰が担い、守っていくのか」について協議するために立ち上げた「三区ど〜すっ会」（30〜50代男性）を中心に、「将来に向けての仲間づくり」「地域活動へ

の積極的参加」「若者の発想による新しい企画と行動の展開」を活動の三本柱として、地域農業と地域づくりのリーダーとなる人材を育成しています。

②女性の感性を活かした活動の推進

おもに景観形成にかかわる活動や、さまざまなイベントでのきめ細やかな対応を計画的、効率的に進めるため、地域内にある三つの女性グループを「三区女性の集い」として一つの組織にまとめ、女性の感性を活かすことができる体制としました。

③子どもを対象にした活動

「生きものの生息できる環境づくり」と「いのちの大切さ」を学ぶ活動として夏・秋に実施する「生きもの調査」や非農家の親子を対象にした「農業体験学習」は、都市住民の参加が年々増加傾向にあります。

また、那須疏水と那須野ヶ原開拓の歴史を学ぶ活動としての「那須疏水の学習と夏休みお楽しみ会」、地元小学校で行なう「那須疏水と農業のかかわり」などについての出前授業に取り組んでいます。

④高齢者を対象にした活動

非農業者の高齢化が進行する中で、地域活動参加へのきっかけづくりとなることを目的としたイベント（対象は60歳以上の地域住民）を、２０１４年度より

5月に植えた野菜の収穫体験

都市住民との交流を図りながら生きもの調査を実施

収穫したスイカをみんなで試食

開催したことにより、６人の男性が活動に参加するようになりました。

⑤景観形成活動

「地域の〝和〟でキレイな花咲く三区づくり」をテーマとして、遊休農用地約15ａを活用したポピー（春）とコスモス（秋）畑、農家の主婦３人が育苗したマリーゴールドの苗約７０００株とスイセンの球根９０００個を農道、水路沿（延べ２・３㎞）に植えた花ロード、そして農道路肩約７００ｍのシバザクラとヒガンバナの花ロードが完成、多くの地域住民の心の癒しの場となっています。

⑥生態系保全のための〝夢〟のある活動

「ホタルの飛ぶ地域づくり」「国蝶オオムラサキの保全」「フクロウおいで作戦」としての巣箱の設置」「生きもの生息環境整備」としての〝井桁護岸〟の設置など、生きものと自然環境の保全に取り組んでいます。

⑦農業施設の維持・保全活動

農道整備としての砂利の補充、素掘り水路からＵ字水路への更新、農業用水路の泥上げ、農業者と非農業者が合同で行なう草刈り作業などを行なっています。

⑧県民を対象とした活動

緑豊かな田園風景と那須疏水と那須野ヶ原開拓の歴

学校教育と連携し、地元小学生に「那須疏水と農業のかかわり」野外出前授業

那須疏水の歴史学習と夏休みお楽しみ会

農業施設の保全（漏水している土水路にU字溝を敷設）

女性団体がシバザクラロードの除草と補植

緑豊かな田園風景を見ながら地域住民と都市住民の交流を図る那須疏水&田園ウォークin三区

史を学ぶことを目的として開催する「那須疏水&田園ウォークin三区」は、県内各地からの参加者があり、2016年7月の開催では、219人の参加がありました。

⑨県内外との交流を図る活動

2016年12月までの東北・関東各県からの視察研修受け入れ組織は78団体（1563人）で、さまざまな情報交換を行なうことにより、活動のレベルアップを図っています。

⑩シンポジウムや講演会の開催

市民を対象にした「少子高齢化社会における地域づくり」と「農村の地域資源保全活動」シンポジウム、「食と農・農業と農村のゆくえ」講演会、米の販売業者と生産者の交流会を開催しました。

⑪活動状況に合わせた活動団体の組織化

60歳以上の非農業者（定年退職者）の住民を対象に組織化した「ゴミゼロパトロール隊」（田んぼ・畑・水路等に捨てられるゴミの不法投棄撲滅運動）、「草刈り協力隊」（農業者の高齢化にともなう草刈り作業の軽減を図る活動）、「農業体験応援隊」（3世代交流として実施している農業体験学習をサポート）を随時組織化し活動しています。

⑫啓発・普及活動

地域活動の成功は〝実践と啓発・普及〟からとの思いから、地域内での広報誌の定期的発行やホームページ、フェイスブック、地域づくり団体栃木県協議会のホームページ、那須塩原市の情報サイトなど、さまざまな情報媒体を活用して発信しています。

豊かな自然とともに、一人ひとりが主役の地域づくりへ

こうした取り組みの成果として、2007年の活動開始時の延べ参加人数1836人(うち農業者1023人、非農業者717人、子ども96人、地域外はゼロ)、延べ活動時間3808時間が、2015年度には延べ参加人数3134人(うち農業者1169人、非農業者1191人、子ども305人、地域外469人)、延べ活動時間6611時間と、参加人数、活動時間ともに1・7倍と伸びており、前述したアンケートの高評価が地域に定着したものと思います(ただし、農地・水・環境保全向上対策〈1期事業〉から農地・水保全管理支払交付金〈2期事業〉への切り替えで国が混乱し、活動全体が遅れた2012年度は減少)。

また、各種コンクールでの受賞やフォーラム、シンポジウムなどでの事例発表、さらには新聞等のメディアで取り上げられたことにより、地域住民の〝やる気〟と〝自信〟につながってきたものと思います。

これまでの10年間をふり返ってみると、農村社会の大きな課題である「人と人とのつながりをどう構築していくか」をテーマとした活動にも合格点があげられるものと思っています。

今後は、第1に男女の後継者の育成、第2に永久的になくなることのない農業者の「草刈り作業」への「結」制度の復活、第3に活動参加者減少対策としての非農業者への積極的なアプローチ、第4に小・中・高との連携強化、などの課題を実現するために、計画的、効果的な展開を図っていく覚悟です。

地域活動を将来にわたって行なうための確固たる体制として設立した「特定非営利活動法人三区町地域資源・環境保全会」と「三区町環境保全隊」の強力な連携のもと、〝豊かな自然とともに笑顔で歩む、一人ひとりが主役の明るい地域づくり〟の実現に向けて、一歩一歩着実に、そして幅広い活動を展開していきます。

最後になりますが、これまでの活動をまとめた冊子(約100頁)『10年の歩み　子どもたちに贈る美しい農村環境』を3月に発行し、地域の自治体加入全世帯(650戸)と国・県・市の関係機関や、県内外から視察研修に当地区を訪問される活動組織・団体に配布しました。

memo

●地域の人口	約2500人
●地域の戸数	約920戸
●高齢化率	約28%
●活動範囲	那須塩原市三区町地域全体
●活動メンバー数	大人約350人、子ども約70人
●年間予算	約750万円
●財源	三区町環境保全隊、多面的機能支払交付金、NPO法人三区町地域資源・環境保全会　約150万円（会員会費、寄付、助成金、事業費）

困りごと⑤ 保育園の存続・地域活性化

地域環境権を行使してエネルギー事業

地域環境権条例と上村プロジェクト

長野県飯田市上村地区／かみむら小水力株式会社

飯田市環境モデル都市推進課 地域エネルギー計画係　小川 博

市民の総有財産権を保障する条例

飯田市では、2013（平成25）年4月に「飯田市再生可能エネルギーの導入による持続可能な地域づくりに関する条例（地域環境権条例）」を施行しました。

中山間地域で暮らす飯田市民にとって、太陽光、河川の水や空気などは、毎日の暮らしの中で恩恵を受けている資源です。これらの資源は、そこに暮らす市民が優先的に活用するべきものであり、市民の総有財産として、これを持続的に活用して地域づくりを進めていくとの認識から、市民に「地域環境権」を保障し、地域の合意にもとづき、この権利を行使して、エネルギー事業を行なう場合、市がさまざまな支援を実施することとしました（図）。

小沢川《こざわがわ》小水力市民共同発電事業

飯田市上村地区で事業化を進めている「小沢川小水力市民共同発電事業」は、地域環境権条例の理念を体現する事業です。上村地区住民が地域環境権を行使して、農山村を維持するうえで重要な水資源を活用した発電事業を行なう。そして事業から得られる収益を、過疎化を食い止める地域振興事業に活用して、住民自

〈飯田市再生可能エネルギーの導入による
持続可能な地域づくりに関する条例（地域環境権条例）〉

目的：市域の豊富な再エネ資源と地域の「結い」を活用して低炭素で活力ある地域づくりを推進
⇒再エネによる電気の全量固定価格買収制度（FIT）を、市民が公益的に利活用できる制度を構築
⇒再エネ資源の活用と、「市民」「公共的団体」「行政」の関係性と役割を明確化

権利の賦与型
本格再エネ導入条例
として全国初!!

⇩

地域環境権

再エネ資源は市民の総有財産。そこから生まれるエネルギーは、市民が優先的に活用でき、自ら地域づくりをしていく権利がある。

⇩

市内で活動する公共的団体が、再エネ事業を通じて行なう地域づくり事業を「公民協働事業」に位置付けて、飯田市が、事業の信用補完、基金無利子融資、助言等の支援

図　飯田市地域環境権条例の考え方

らが主体的に持続可能な上村地区をつくり上げていくことを目的としています。

　上村地区は人口５００人に満たない、飯田市でもっとも人口減少、とくに年少人口の減少が顕著となっている地区です。一時期、保育園児２人が卒園したら、閉園せざるを得ないという状況に直面しました。そこで、園児を確保し、上村保育園を存続させるためのプロジェクト（上村プロジェクト）を立ち上げ、地域住民の大きな協力を得て取り組んだ結果、保育園の閉園を当面回避することができました。

　このころ、この地区を流れる小沢川で１７０kw程度の小水力発電の可能性が見出されていました。再生可能エネルギーの固定価格買取制度（ＦＩＴ）が創設されたこともあり、住民が主体となって発電事業体を立ち上げ、ＦＩＴによる売電で安定的、継続的に得られる収益を、少子化対策をはじめとした地域の課題解決に活用できれば、持続可能な地域づくりが実現できるのではとの気運が地区内で出始めたのです。

　そこで、２０１２年度に地区住民から十数名を選出し、「上村小水力発電検討協議会」を設立し、専門家のアドバイスを受けながら、小水力発電設備の検討に着手しました。

しかし、小水力発電設備の建設には数億円の初期投資が必要です。FITにより、20年間、発電した電気を買い取ってくれるとはいえ、人口500人にも満たない地区が、数億円の借金を背負いながら地域活性化のために発電事業を行なうことには、相応のリスクが発生し、このリスクを背負ってでも、住民が主体となって事業を実施する、ということには相当の覚悟が必要です。このため、この事業の合意形成を進めていくには多くの時間を要しました。

小沢川が流れる上村地区程野集落

また、小水力発電事業を行なうには、発電に必要な水を河川から取水する水利権をはじめとした河川法、電気事業法等にもとづく許認可を取得しなければなりません。こうした許認可は、地域住民だけではなかなか取得できるものではなく、そのため、市が地域活性化のために住民を強力に支援して公益性の高い事業であることを関係機関に示し、事業化支援の一環として、流量調査をはじめとした許認可に必要な調査を実施してきています。2013年度からは、流量調査結果をふまえ、国の補助金を受けながら、協議会と市が連携して発電設備の詳細について検討を重ねました。その後、発電設備の詳細検討にもとづき、事業シミュレーションも作成しつつ、上村地区を構成する4つの自治会ごとに、検討協議会が中心となって住民説明会を開催し、発電事業の意義や経済性の見通しなどを説明しながら地区全体で取り組む事業として推進していく合意形成を重ねてきました。

「かみむら小水力株式会社」設立

こうした合意形成を重ねながら、地区住民の発電事業による地域活性化の気運を更に醸成するために、２０１４年度には検討協議会の委員の中から、発電事業体設立に向けた準備委員会を設立しました。その後２０１６年度まで準備委員会とその中核的メンバーで、専門家のアドバイスを受けながら、じつに50回以上の会議等での検討を重ね、２０１６年9月に「かみむら小水力株式会社」を設立しました。

かみむら小水力株式会社は、認可地縁団体である「上村まちづくり委員会」が出資する、小水力発電事業を行なう会社です。準備委員会の中核メンバーが取締役になり、現在、最終的な事業計画を作成しています。飯田市は、こうした住民主体の取り組みを、地域環境権条例の理念にもとづき支援することはもとより、会社が小水力発電事業に必要な各種許認可を取得できるよう、関係機関との事前協議を行なっています。

一方、発電事業で得られた収益の活用については、２０１３年度に、検討協議会のメンバーを含めた地域住民が、専門家のコーディネートのもとワークショップを開催して検討を行ないました。このワークショップを受けて２０１４年度から、売電収益の活用の第一歩として、「上村の活性化は『食』から」をキャッチフレーズに、上村ならではの食材で地区を訪れた人たちをもてなす「上村御膳」の販売をめざす「上村御膳プロジェクト」を立ち上げました。地区内の女性を中心としたプロジェクトメンバーで、現在、四季折々の食材を生かした上村御膳のメニュー開発や、イベント等での試食会を重ね、商品化に向けた取り組みを進めており、ゆくゆくは上村御膳を提供できる事業組織を立ち上げることを目標にしています。

エネルギー自治の視点からの地方創生

飯田市は、小沢川小水力発電事業に先駆けて、地域環境権条例施行以来、住民主体の太陽光発電事業を9件創出してきました。こうした事業創出や小沢川小水力発電事業を進めていく過程において、当市は、市民や事業に協力する関係者とともに、事業計画の策定、事業資金の確保、収益の活用方法といった、地域住民が主導して事業化していく意思決定過程の現場に立ち会うことになりました。この経験から、市民が主体的な共同決定を行なう実績を積み重ねていくことが、市民の自治力を醸成していくものと実感しています。

ＦＩＴ施行後5年が経過する中、全国各地でも再エネ事業を起爆剤に地域活性化をめざす自治体が増えてきています。当市も地域環境権条例によって、市民主導の再エネ事業から地域活性化を推進していく環境を整え、その成果が現われ始めているところです。

地域環境権条例は、エネルギー自治にもとづいた市民主導の再エネ事業を地域で多面的に展開させ、地域に賦存する再エネ資源を最大限活用してエネルギー需給を行なうことで、地域内での新たな財貨循環を創出し、持続可能な地域活性化へとつなげてゆくための政策ツールです。これからも地域環境権条例によって市民主導の再エネ事業を創出し、エネルギー自治の視点からの地方創生を強力に推進していきたいと考えています。

memo

●地域の人口	415人
●地域の戸数	198戸
●高齢化率	53.7%
●ホームページ	https://www.city.iida.lg.jp/site/ecomodel

＊2017年12月末現在

困りごと⑥ 少子高齢化・高齢世帯・空き家

区・資源保全隊・活性化推進組合の三つのエンジンで進める地区づくり

「仲良く、楽しく、安全・安心に生活できる地区」へ

宮城県柴田町／上川名地区

上川名区・資源保全隊・活性化推進組合 庶務　加藤嘉昭

自治と相互扶助の歴史ある地区

柴田町は、政令指定都市仙台市から南へ25㎞に位置し、町の総面積は53㎢。四季を通じて温暖で、積雪は年に2回程度で暮らしやすく、仙台市へ電車で30分、仙台空港まで車で30分と交通の便に恵まれ、食品関連産業や精密機器関連などの工場があり、内陸型工業地として県内でも有数の製造品出荷額を誇っている。白石川堤の一目《ひとめ》千本桜と船岡城址公園の桜は、全国有数の桜の名所である。

上川名地区は、柴田町の北東部に位置し、地区の北東部は山林で岩沼市境になり、西部には田園地帯が広がる純農村である。地区の面積は1・35㎢。町内最大の上川名貝塚は、縄文時代の貝塚として有名であり、また「仙台藩古城書上」に城主として上川名監物などの名がある上川名舘跡がある。江戸時代まで長い歴史を背負った行政村であり、共同的な組織体だった上川名が、1872（明治5）年4月に「上川名村」となり、自治の第一歩が始まる。合併して1890（明治23）年に槻木村に、1956（昭和31）年には柴田町になり、村と町が一体となった行政区として歩んできた。

JR東北本線槻木駅、国道4号線まで約3㎞、県道亘理村田線まで約2㎞の距離にあり、地区内の幹線町

道は用排水路に挟まれ幅員が狭いうえにカーブが多く、車の相互通行がむずかしい状況になっている。

江戸の元禄時代から昭和50年代前半まで続いた村の相互扶助と最高意思決定を目的にした講である「契約講」をはじめ、山上講、鹿島講、古峯講、観音講、出羽三山講、念仏講、庚申講など、住民の親睦や融和を深める講が数多くあったが、現在は3つの講が行なわれているだけで、他は休止になっている。区は5班に分けられ、納税貯蓄組合、冠婚葬祭、農作業など昔から隣近所を中心に相互扶助が行なわれてきた。青年、壮年など、本来集落の中で中心的な役割を果たすべき世代が大きく減少した一方で、高齢者が占める割合が高くなったが、地縁的結びつきの強い安定的な地域社会を形成している。

昔から戸数にあまり変化がなく、50戸前後で推移してきたが、ここ10年で7戸減少し、空き家が増えている。昭和40年代前半ころまでは生活を農業に頼っていた家が大部分だったが、現在は稲作との第2種兼業農家がほとんどである。専業農家は2戸で、67歳以下の男子で専業的に農業に従事している人はいない。

区の活動

上川名地区は、お寺、神社（2社）を維持し、孫授け（正月14日の夜、前年に結婚した若夫婦の家に赤ん坊の人形をつくって持って行き、子どもが授かるように祈願する）などの歴史・風習に恵まれ、ホタルが乱舞し、水田・里山など自然環境も豊かで、新鮮な野菜や山菜が食べられるなど、多様な地域資源を持っている。槻木小学校富上分校（1977年に廃校）があったことにより、隣地区である富沢地区との関わりが深く、富上生涯館や富上農村公園の運営など、共同で各種事業に取り組んでいる。区として、元旦祭と新年会・どんと祭・盆踊り・敬老会・区民体育祭・神社例大祭・防災訓練・瓦版「かみかわな」の発行などを毎年行なっている。

「農地・水環境保全向上対策」をきっかけに資源保全隊設立

区のトップである行政区長に戦後生まれがなり、役員も全員戦後生まれに代わった2003（平成15）年ころ、人口の減少や少子高齢化、高齢世帯・空き家の増加、農業の担い手不足、後継者の未婚者増加など、これまで漠然と抱いていた将来への不安が実感されるようになり、会合のたびに地区の行く末を心配する声が多く出されるようになった。

２００７年の区総会で「上川名未来農業を考える会」設立の承認を得、地区の将来の農業を考える組織として活動を始めたころ、町当局から国の「農地・水環境保全向上対策事業」がスタートする話があり、町で一番手として手を挙げた。全戸加入で「上川名地区資源保全隊」を設立し、役員には女性や長男会（若手）にも入ってもらった。手始めに「営農に関するアンケート」と「生活して困っていること」など全戸対象に聞き取り調査を実施し、調査結果を全戸に配布して地区の長所や課題を地区民みんなで共有した。

保全隊の地区内道路への花の植栽活動

地区内の用排水路や道路の草刈は地区民総出で年4回実施（保全隊活動）

保全隊としては、用排水路の草刈・浚渫作業、農道や地区内道路の草刈・花の植栽・清掃活動、ため池の草刈、休耕地の景観形成（コスモス植栽）、子どもたちを対象にした用排水路の生き物調査、貝塚周辺の公園化などの共同作業に取り組み、保全隊だよりを発行した。共同作業に取り組む機会が増えたことにより、寄り合い（会議）やノミュニケーションの場が多くなり、地区の景観整備をはじめ遊休農地の保全等は地区民みんなでやろうという意識が根づいた。「町一番の美しいムラ」にしたいという機運が高まり、地域資源を活用し地区外との交流を活発にして、地区の活性化を図ろうとの思いが醸成された。

「集落営農ステップアップ」で活性化推進組合設立

２００９年度と２０１０年度に、地域の自然・食・農・歴史を再生保全し、地域資源を活用して地区外との交流を活発にし、地域の活性化を図ろうと、県事業である「集落営農ステップアップ支援事業」に取り組んだ。その中で民俗研究家の結城登美雄氏から食をつうじた地域づくりについてアドバイスを受け、２０１０年７月に「上川名地区活性化推進組合」が発足した。発足にあたっては、区全戸に加入を呼びかけ出資金を募った。地区内から20人、地区外（上川名ファン）から４人の24人でスタートした。

最初に女性たちがやりたいという「農村レストラン」の開店に取り組んだ。女性たちは「このまま何もせず年だけ取っていきたくない。生きがいを持って暮らしてきたい」と強い思いを語っていた。しかし上川名地区は観光地でもないし、郷土料理といっても、昔から出されている餅や地場の野菜を使った煮物などが中心である。しかし結城氏から「ふだんつくるもの、それでいいんです。自信をもって」と後押しされ、農村レストランの開設に向けて準

2012年2月「農村レストラン“縄文の幸”」のオープン式を終えて。前列左から3人目が結城登美雄氏

台湾からのツアー客が農村レストランで昼食を楽しむ（2016年）

写真集『温故知新——写真で見る上川名の移り変わり』。家並と風景編、生活と暮らし編、農作業編、資料編からなる

備を進めることになった。男性たちは地区集会所（町の公共施設）の活用、整備資金の確保などに奔走し、女性は弁当や料理の商品開発に取り組んで、２０１２年2月に集会所内に「農村レストラン〃縄文の幸〃」が開店した。レストランでは地域食材を利用し、餅料理や季節に応じた郷土料理、精進料理を提供し、ランチ、宴会など、地区内外の年間２０００人以上に利用され交流の拠点となっている。

２０１３年3月には、組合の中の郷土史研究部会の男性会員が中心となって、写真集『温故知新——写真で見る上川名の移り変わり』を発刊。各戸に残る古い写真を集め、古老たちに話を聞いて、1年半かけて編集したＡ４判カラー80頁の手づくりの冊子で、全戸に無料配布したほか、地区出身者にも配布した。また50部は町にも寄贈し、町内の他地区に配布していただいたほか、小中学校や図書館、町の各施設で閲覧していただいている。地区の郷土史を研究し、後世に伝えていくことは、今を生きる自分たちの務めであり、また、地区外の方との交流を進めるうえでも、自分たちの地域を知ることは必要不可欠であると考え、今後も地域の慣習・伝統行事などの調査研究を継続していき、農村レストランとあわせて組合の中心事業としていきたい。

そのほかにも、分校跡地を活用した産地直売所の開設、餅出前隊、ホタル観賞会、コスモス観賞会、雑魚獲り、新そばまつり、地区内ハイキングコースの整備、子どもたちの農作業体験学習の受け入れ、〃姓〃上川名さん全員集合などに取り組んでいる。これらの活動がマスコミに取り上げられたり、ホームページを開設しPRしたことにより、地区外の各種団体や多くの皆さんとの交流が図られるようになった。

地区の長所と課題

聞き取り調査や区総会、資源保全隊、活性化推進組合、各種団体の活動などをとおして出された地区の長所や課題は次のとおりである。

①長所

・水田、里山など自然環境に恵まれている。
・歴史、風習・習慣など暮らしの文化が色濃く残っている。
・少ない戸数でお寺、神社を維持している。
・昔よりは希薄になってきたが、助け合って分かち合う、思いやりがある。
・五つの班ごとの結びつきが強く、相互扶助が行なわれている。
・地域を活性化しようとする機運が高まっている。
・自給自足が可能で、新鮮な野菜・山菜が食べられる。

②課題

・少子高齢化が進み、住民が年々減っている。
・後継者がいない家（高齢世帯）が増えている。
・空き家が増え、今後も増えるのは確実。
・荒れた農地や山林が多くなった。
・一人で役員をいくつも引き受け、負担が大きくなっている。
・買物、通学、通院の不便（車がない人は大変）。
・結いの希薄化、祭事の減少、寄り合いの減少、負担の増加。
・江払いなどの共同作業に参加する人が高齢化で大変。
・道路が狭く、車での通行が大変。
・後継者で適齢期が過ぎても未婚者が多い。
・戸数が減り続けるとお寺や神社の維持が大変になるのでは……。
・水田農業の担い手がいなくなる。
・大雨が降ると沢や河川の氾濫が心配。

地区計画を策定

２０１２年２月に、上川名地区の課題を解決し、長所や魅力を伸ばし育む自主的・自発的・自律的な地域づくり活動の指針として、5ヵ年計画の上川名地区計画を策定し、区総会で承認され、区・資源保全隊・活性化推進組合の三つのエンジンで、地域づくりを進めてきた。

仲良く、楽しく、安全・安心に生活できる地区

――地区外の人たちが訪れてみたいと思う地区

――地区民が誇れる（自慢できる）地区

上川名の将来像「仲良く、楽しく、安全・安心に生活できる地区」を実現するために、「安全・安心な地域づくり（14項目）」「自然・歴史・文化の保全と活用（12項目）」「農村景観の保全と持続できる地域農業づくり（12項目）」「子どもからお年寄りまで生きがいのある地域づくり（9項目）」の基本方針を柱に実践計画を定めた。「地域でできることは、地域で行なう」「地域でできないことは、行政等と協働で行なう」ことを理念に、集う・楽しむ・憩う・学ぶ・遊ぶ……地域づくりを進めてきた。

2015年度地方創生事業で荒れた竹林を再整備し県内一早いタケノコ出荷が可能になった

計画になかった、国の2015年度と2016年度の地方創生事業により、竹林整備、サイン整備、地区内史跡等への案内板設置、里山ハイキング開催、パンフレット作成、どぶろく製造所の設置などに取り組み、新たな収入源の創出や上川名地区の資源の情報発信、交流人口の増加につながった。一方、少子高齢化が著しく空き家が増え続ける中、福島県から新たな転居者があったり、家を新築してUターンした長男がおり、最年少者が小学生以下になるなど、世帯増や人口増になったことは、5ヵ年計画になかったうれしい出来事である。地区計画が5年経過したことにともない、地区計画を見直し、一番身近な生活圏である上川名地区のあるべき姿を描く新たな地区計画の見直しに取り組んでいる。

30年後を見すえて

少子化や超高齢化社会、核家族化など、社会環境は大きく変化している。価値観が多様化し、物質・経済的な豊かさから、心の豊かさを追い求める人々が増えている。そんな状況の中、地域の自己決定・自己責任により、個性や魅力を活かした地域づくりを進めていかなければならない。

これまで、地元学を大切にして、「会議は短く、懇親会は長く」をモットーに、寄り合いを増やしノミュニケーションで出されたアイディアや夢を実現してきた。地区の人口や戸数の減少は避けられない。30年後は、戸数が現在の半数以下の20戸程度になるだろう。現在の活動の中心的な役割を担うのは、団塊の世代。数少ない30代から50代の後継者は「今は柴田町でも一番元気な地区だが、これから上川名はどうなるのだろうと」不安を隠さない。

地域農業の存続と60歳からが農業の担い手を合言葉に、現在、大型ほ場整備推進と集落営農組合の設立に取り組んでいる。「携帯電話がない地区」「家を捨てて長屋暮らし（共同生活）」「上川名から日本を変える」など、飲みながら大きな夢を語り合っている。人口や戸数の減少、少子化や超高齢化社会は避けて通れない。解決するのは不可能と言っていいほどむずかしい。江払いなどの共同作業に高齢者世帯の他市町で暮らす後継者が参加したり、盆踊りや区民体育祭などの行事に参加する地区外の上川名出身者が増えたりしている。

もちろん、上川名を存続するキーワードは、これまでのように、長所や魅力を伸ばし育み、交流人口を増やして、新たに住んでくれる人を増やす努力も大切であるが、上川名に暮らしていなくても、近隣市町で暮らす上川名出身者の子どもたちを中心にしたネットワークづくりに力を入れることが重要との認識が芽生えている。上川名に暮らす人たちだけが上川名区民ではなく、地区外で暮らす上川名出身者全員が上川名区民という意識を醸成する機会を増やすことが重要である。上川名出身者のネットワークづくり、年に1回の上川名出身者全員集合、集まれ上川名ファン、ふるさとの便りの発行、ホームページの充実などに取り組むことで、農村地域の伝統文化を育む〝ゆとりある生活〟や豊かな美しい自然空間の〝やすらぎ〟が守られ、30年後も新たな上川名づくりが進められていると信じたい。

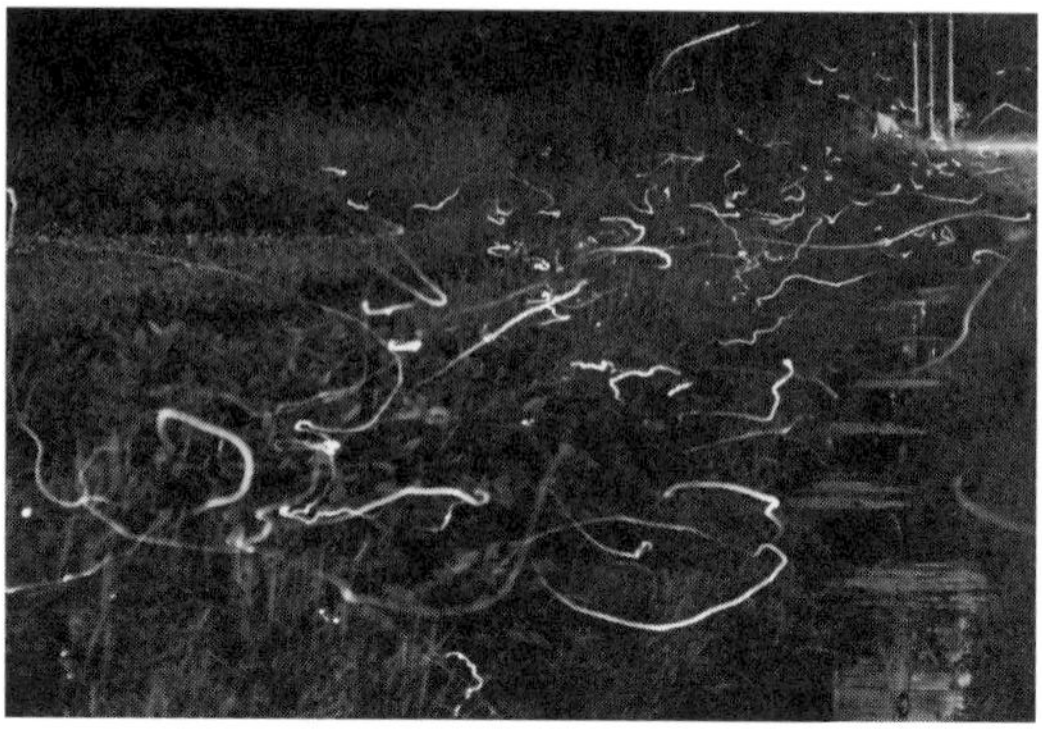

ゲンジボタルが乱舞する6月下旬のホタル観賞会には
多くの人たちが訪れる

memo

●地区の人口	152人（男性84人、女性68人） （内訳） 年少人口（14歳以下） 11人 生産年齢人口（15～64歳） 87人 高齢人口（65歳以上） 54人
●地区の戸数	44戸
●高齢化率	35.5%
●活動範囲	地区が中心。隣の富沢地区との連携した事業展開（区民体育祭・敬老会・産地直売所運営）
●活動メンバー数	区68人 保全隊56人 活性化推進組合27人
●年間予算	区211万円 保全隊253万円 活性化推進組合70万円
●財源	国の地方創生事業交付金（2015年度2000万円、2016年度1500万円）を受けて、竹林整備やどぶろく製造所設置などに取り組む

＊2017年1月1日現在

困りごと⑦ 「困った」と言わないところ

「百姓が百人、百年先も笑ってくらせる村づくり」をめざしてビジョンを作成

川谷もより百笑百年物語

新潟県上越市吉川区／川谷もより会

川谷もより会事務局 天明伸浩

「困った」と言わないところが困りごと

新潟県上越市の山奥の雪深い小さな集落に移り住んで22年の月日がたちました。小さな集落というのは非常に住み心地のいいものです。みんな知った顔で、けがや病気をするとすぐに伝わります。田んぼで困ったことが起きても誰かが跳んできて応援なんかもしてもらえます。なので困りごとがなかなか頭に浮かばない。この困ったことがすぐに思いつかないのが一番の困りごとだということが最近わかってきました。

本当はもっと大きな声を出して、「こうしてもらい

川谷の夏の運動会。旧川谷小学校の校門に全員集合

たい」「ああしてもらいたい」と困っていることを発信しないといけないのですが……。

少しずつの変化だから気づけない

ぼくが移り住んでからの22年間、村の暮らしは急に変わることはありませんでした。ほんの少しずつ変わるので、住んでいる人が変化を意識することはほとんどないのです。かつては急激に変化した時代もあったのでしょうが、今はそんな劇的な変化はありません。

冬まつり。上越市でもっとも大きな「斉の神」は地区の自慢

それでもじっくりと思い出してみると、変わったことがけっこうあるものです。

まずは住んでいる人の数。かつてのように一つの家に大人数で住んでいるわけではないので、一家族が村から出て行っても１人か２人。急激な減少にはなりません。それでも亡くなる人もいて、私の集落の人口は１９９５年の39人が２０１７年には16人と半分以下に減っていました。

人口が減ると地域にあったものが形を変えたり不便になったりします。利用者が減って農協の出張所が撤退。地元の土木建築業者が店舗を継続してくれていますが、かつてあった週１回の売り出しはいつの間にかなくなり、お店に人を運んでいたバスの運行もありません。私が移り住む数年前までは、小学校まであった地域なのですが、子どもがほとんどいなくなったのも大きな影響があります。

市が運行している、病院や小中学校に子どもを送る地域バスは乗車人数の減少もあって減便されています。

20年前は車で10分も下れば農協の店舗・ガソリンスタンド、保育園もあったのですが、全部廃止です。今考えると暮らしやすかったんですね……。徐々に暮らしにくさが増しているのですが、雪国の人はがまん強い！　まったく文句も言わずに暮らしています。

モデル地区に選ばれた！　誰がやるんだ？

そんな中で、私が住んでいる川谷もより地区が上越市の中山間地域の活性化モデル地区に選ばれました。上越市は２００５年に広大な山間部も含む14市町村が合併した大きな市です。その山間部は、過疎高齢化が大きな課題になっているのですが、山間部の面積が広すぎてどこから手をつけていいのかわからないというのが現状でした。そこで２０１３年に、山間部の中でも地域行事などが残っていて、応援すると元気が出てきそうなところ数ヵ所を選んでモデル地区にしていろいろと試してみようということになったのです。その数ヵ所のうちの一つに川谷もよりが選ばれたのです。

そこで地区の役員（４集落の町内会長４人＋事務局）で川谷もよりでどんなことをしたら地域がよくなるか話し合いをしました。

「野菜を直売できたらいいね」
「森林資源を利用して薪もつくれるといいね」
「この地区の米は美味いからもっと売りたいね」
「車のない人の買い物をもう少し便利にできたらいいね」
「病院に行くのも不便している人がいる」

などと取り組んだら活性化して、暮らしやすくなるのではないかというテーマがつぎつぎに口をついて出てきました。

ビジョンづくりの風景。旧川谷小学校の体育館にみんなが集まって相談

川谷もよりの全景。上越のはじにある川谷もよりは、ブナの森が広がる山に囲まれています

とはいえ、地域にいる人はほとんどが70歳以上。若い人はほんの数人。みな高齢化していました。そしてこの地域のすごいところは、高齢化していてもみんな忙しく暮らしていることです。米をつくって野菜をつくって農産加工に除雪と、いくつになっても現役で動き回っています。もう少し遊んでいる人がいればいいのですが、みんな動けるうちは仕事をしまくります。

そんな中で「これもやりたいあれもやりたい」と言ってみても、実際に活動する時間がある人がいるのか？　いい取り組みだけど、活動することによってさらにみんなの忙しさが増してイライラしてしまうのでは本末転倒です。

若者に来てもらって、定住してもらおう

全国を見回すと、若者が田舎に引っ越し、新しい動きを起こしている場所があることはみんな知っていました。それでも、私たちが住んでいるところよりもずっと魅力のある場所だったり、地震などの災害があって「困った！」と大きな声を出さなければやっていけなかった場所だと考え、自分たちが住んでいる川谷に若い人が来るか半信半疑でした（私は奇人だと思われていました）。

でも自分たちの地域をながめてみれば、このまま推移すると地域に住む人がいなくなることは目に見えていました。5年はよくても10年後にどうなっているか考えると、「困った！」と大きな声を出して若者に来てもらったほうがいいような気がします。

そこでモデル事業として、地域出身者との交流や情報発信、それに若者に移住してもらうために「地域おこし協力隊」の受け入れをすることにしました。

新規就農者、鴫谷さん＆玉ちゃんが地域を賑やかに

その前に、２０１２年に30代の新規就農者、鴫谷幸彦さんが東京から地域に移住してきていました。ぼく自身は10年以上前から地域に若者に来てもらいたいと、さまざまなことをやってきましたが、なかなか移住する人は現われませんでした。

そんなめげていたときに、ぼくの著書『転身！　リアル農家』（新潟日報事業社、２０１０年）を目にしてくれて、ぼくのところで農業研修を受け、そのまま定住してくれたのが鴫谷さんです。米つくりの農業を

中心に据えながら、地域にある味噌や漬け物の農産加工場で働いたり、祭りや用水普請などの共同作業の行事には中心メンバーとして活躍してくれていました。

鴫谷さんが入った集落は私が住んでいる隣の集落で、初めてIターンを受け入れたのですが、何でも積極的な鴫谷さんは人気者となり、あっと言う間に集落になくてはならない存在となりました。

さらにうれしいことに、東京から共同作業の行事などに参加していた肴倉玉実さんが、地域の自然や鴫谷さんとその暮らしに魅力を感じて移住、そして鴫谷さんと2015年に結婚しました。玉実さんは、高齢化で閉鎖しようかという話まで出ていた農産加工場の代表になって、にぎやかに切り盛りしています。

そんな鴫谷さんが来ていたこともあって、若者が来てくれることに肯定的な気分が地域全体でできあがっていました。

石川地域おこし協力隊員、古老の思いを受け継ぐ

そしていよいよ協力隊員を募集開始。どんな人が来てくれるかみんながドキドキしながら待っていました。

面接試験として夜の交流会や現場作業なども行なって、地元の人が納得しての採用です。

採用されたのは上越市の平場出身で、地元を離れて20年ほどたち、自然のリズムでの生活をするために地元に戻ろうかと思案していた石川盛和さんでした。

石川さんに地域でやってもらったのは通院支援や買い物支援、農業などの共同作業の応援、地域の情報発信、それに農業研修でした。これまで地元の困りごとを解決する手段は血縁関係者か行政にお願いするかしかなかったのですが、少しでも地域を暮らしやすくしたいとの思いと、石川さんが地元の多くの人とのかかわりを持てるようにとの考えから、地元のみんなで困りごとを聞いて、やってもらうことを決めました。

また石川さんには3年間の協力隊期間終了後は農家として独立してもらいたかったので、農業研修をメニューに入れました。したがって農業者とかかわりを持つ機会は多いのですが、農家以外の人とかかわる機会が少なくなりがちです。そこで地区の行事にあまり出てこない人とお茶を飲んで世間話をする機会を多く持ってもらうことでなじんだことも、その後、地域に暮らすようになったときにとても役立ったようです。

協力隊の任務終了後は農業研修を1年やって、昨春、

独立農家としてスタート。移住時にお世話になった古老が亡くなり耕作放棄地になりそうになった田んぼでの営農です。古老の思いと、石川さんの新たな視点がミックスされて、多くの人が訪ねて応援したくなる素敵な田んぼになりそうです。

地区出身者にも来てもらいたい

また地域出身者へ情報を発信し、交流を増加させる取り組みも移住者の若手が中心になってスタートさせました。

情報発信ではフェイスブックやブログで地域で起こっていることを細かく報告したり、地域で暮らしている人を紹介してその息づかいを伝えたりしています。自分の故郷での動きを知ってもらうことによって応援団になってもらえています。さらに会費制のサポートクラブにも多くの人が参加してくれています。会費を払ってくれた人には地域のお米や加工品、山菜などを送ったりもしています。地域の特産物をもっと知ってもらい、米、山菜、農産加工品を売って、地域での仕事づくりになるとともに、もより会としても収入を上げて地域活動を永続できる体制をつくりたいと思っています。

お盆イベントでの源流探検。地区出身の孫が参加してくれました

また、地域の人にとってはよそから来た人たちばかりで地域が活性化しても、なんだか過去とのつながりを感じることはむずかしいようです。できれば地域の出身者の子どもや孫が戻ってきたり、ほかの場所に住んでいたとしても、交流ができれば過去とのつながりが感じることができ、活性化に気持ちを込めることができるようになると考えたのです。

これまでもぼくのところに訪ねてくる人には、祖父母が新潟出身という人がいましたし、「小さいころ夏休みにはおばあちゃんのいる田舎に遊びに行っていた」という人が何人もいました。すぐに結果が出るわけではないけれど、子や孫に向かって情報発信しておくことは、いずれ「孫ターン」につながるのではないかと思っています。

またこのもよりの活動の事務局をやってくれているのが地区生まれの鈴木珠美さん。地区のみんなのことを知っていて、もより事務所のある廃校の小学校の卒業生です。地区で育った珠美さんがいるだけで私のような移住者はうれしくなります。

こんな活動をやっていると、つぎつぎにやりたいことが頭に浮かんできます。するとさらに若者に来てもらいたいと思うのですが、つぎつぎに移住者が現われるわけではありません。

山深く大雪の降る条件などを考えると、「気軽にドンドン来いよ」と言えるものではなく、相応の覚悟を持って来てもらわなければなりません。この地域、住人を好きになって、人生をかけてもいいという人が出てくるまで、腰を据えて気長に待ちます。

「おらったりの村」の100年後——ビジョンの作成

そして、地域おこしも第2ステージに入りました。2015年度には地域の住人全員が参加して、地域をどんな場所にしたいかというビジョンを作成しました。ビジョンの名前は「川谷もより百笑百年物語」です。「百姓が百人、百年先も笑ってくらせる村づくり」がしたいとの思いをかたちにしたのです。その基本理念は「老若男女が楽しく働き、子どもの声が絶えない地域。産業と文化、自然が活かされたにぎやかな地域。あくせくせずとも生きがいがあり、心豊かにくらせる地域。互いの顔が見え、みんなが安心してくらせる地域」です。

普通だとこの地域を活性化して経済的に潤わせることが最大の目的になりそうですが、地域で誰もが幸せに暮らせることが一番だと考えたのです。作成のための視察先にも、活性化で成功しているところだけではなく、障がい者と健常者が一緒に暮らしている長野の「共働学舎」なども訪ねました。

現在では経済が最優先される時代ですが、あくまで

「川谷もより」の未来予測
（「川谷もより百笑百年物語」より。ホームページで全頁をご覧いただけます）

memo

●地域の人口	45人
●地域の戸数	22戸
●活動の範囲	旧川谷小学校区（上川谷集落・川谷集落・石谷集落・名木山集落の4集落）
●活動メンバー数	地区全員45人
●年間予算	現在は農水省の集落活性化支援事業を使っており、約350万円
●財源	集落活性化支援事業、サポートクラブの会費など
●法人格	任意団体
●ホームページ	http://web-kwt.wixsite.com/moyori

も人びとの幸せが大前提です。地域に潤沢にある自然を上手く活用しながら、誰もが幸せになれる地域を移住者と地元民でつくっていけば、それに共鳴する人がたくさん住み始めるような気がしています。

困りごと⑧ 高齢化・休耕田・仕事づくり

ワラビで村に仕事をつくる

県随一の豪雪は条件不利ではなく個性だった

岩手県西和賀町／西和賀ワラビ生産販売ネットワーク

西和賀ワラビ生産販売ネットワーク代表　湯沢 正

ワラビにたどり着くまで

農文協職員としておもに西日本各地の農山村を歩いた私は、１９８３（昭和58）年に36歳で生まれ故郷の西和賀町にUターンした。全国的にはバブル経済がピークに向かっていた時期で、当時の町は東北横断自動車道秋田線ならびにサービスエリアの建設計画と3ヵ所のゴルフ場建設計画が進行中であり、農業では主産のリンドウ、ユリの高値に沸いていた。どことなく活況を感じたのは田舎であってもバブル前夜の時期であったということであろう。この状況は高速道の町内路線が完成する１９９８（平成10）年ごろまで続いた。町は温泉活用による町づくりを推進し、温泉のある

収穫適期の「西わらび」

駅舎（JR北上線ほっとゆだ駅）、東北初の温泉熱利用砂風呂（砂ゆっこ）、温泉のあるサービスエリア（錦秋湖SA）などユニークなハコモノをつくって「新しいコミュニティの場を提案した」と、ふるさと創生一億円活用の〝優等生〟などとマスコミにとりあげられた。

さらに町は豪雪地帯の新しい農業の可能性に挑戦。温泉熱利用ハウスでイチゴの水耕栽培やリンドウ、ユリの促成栽培、シイタケの早出し栽培、スッポンの養殖、ウドのふかし促成栽培などにも取り組んだ。

私自身が町の農業にかかわりを持ったのはこのころからであった。ウドや畑ワサビなどの生産者を募りながら取り組んだがいずれも根づくことはなかった。明確な方針を持てないままの付け焼刃的な取り組みが問題だったのではないかと反省される。

こうした中で、1995年ころからもともと地元に食文化があり、しかも反収が高そうなゼンマイ栽培への関心が高まり、秋田、山形の先進地に学びながらの取り組みが始まった。当地のゼンマイは太くて軟らかく、昔から〝煮しめ〟料理の首座を占めているし、土産物としての評価も高い。ただ山からの採取と乾燥に手間がかかるために山取りが減ってきたのだ。

問題の一つは採取場所が車も行けない山道を二山三山越えた奥山であり、しかもよいものほど崖や谷岸などに生えているのでよほど屈強な人でなければ採取がむずかしい代物であること（だからこそ値が高いわけでもあるのだが）。もう一つは乾燥仕事である。春の農作業が忙しさを増す時期に一日中つきっきりで揉み続けなければならない。力仕事ではないので年寄り仕事に持ってこいではあるのだが、年寄りのいない家はなからゼンマイ取りをあきらめている感じでもある。それが手揉みに引けを取らない乾燥機の出現と、高齢化の流れが要因で栽培の機運が高まったのである。それぞれ自分の山から根株を掘り取ったり、林道の法面に生えている小さな根株を集めたりして3ha、17名まで増えた。ただこれも大きな根株だと1～2年で収穫できるものの、株に満たない小さなものだと数年から10年もかかる。一度植えると収穫は半永久的だとはいえ、これが新たなネックとなって栽培者も面積も伸びなくなってしまった。

〝西のモノ〟として人気の地元のワラビ

ゼンマイの勢いが止まってほどなく、仲間から町の山菜の〝横綱格〟であるワラビ栽培のほうに切り替えたらどうかと意見が出た。

「春にもなると盛岡や北上の人たちは〝西のモノ〟といって山菜取りにやってくるが、一番の目当てはワラビだ」

「最近は山にも簡単に入れないし、木を切らなくなってワラビも生えなくなっているし」「たまの市場出荷でも〝西のモノ〟として倍は値が付くしナ」

「休耕田に栽培できれば耕作放棄の防止にもなるんじゃないか」

「田んぼだと収穫も楽だろうナ」

「昔食べたワラビ餅はうまかったナ」

「なあにダメだったらすぐに水田に戻せばいいサ」などなど。

前向きな話ばかりで盛り上がり、やろうやろうと全会一致。ゼンマイ研究会がそのままワラビ研究会に衣替えしてしまった瞬間だった。

昔、ワラビの根茎を掘ってワラビデンプン粉を売った話をもとにみんなで山に行き、スコップや唐鍬《とうぐわ》で掘り取って植えてみることにした。だがなにしろ栽培なんて誰も経験がないし考えたこともない。どれがワラビの根かぐらいは区別できるものの、一日掘ってもいくらも集められない。そのうち「こんな調子でいいのかナ」とか「ワラビを栽培などしたら地域の笑いものになるだろうナ」と心配の声も。さらに「昔からここでは〝ワラビのホダはせっこがし（なまけ者）の骨を見る〟の言い伝えもあるし」と弱気な話も（ワラビのホダ─成長した地上部─を抜くときはしっかり握って力を入れないと抜けない。怠け者がいい加減にやると手がスパッと切れて骨が見えるようになる。つまりホダを抜かせてみると働き者か怠け者かわかるというのである）。

それじゃあこの際専門家の話を聞いてみようじゃないかと、『ワラビ──早期成園化と多収栽培の実際』（農文協 新特産シリーズ）という本を出している山梨県立総合農業試験場の赤池一彦研究員を講師に招くことになった。

旅館の女将、飲食店のオヤジ、商店主、建設作業員まで

町の配布物に講演会案内のチラシを入れてもらい、役場の小さな会議室を借りた。自分たち以外の物好きを入れてもせいぜい30人も集まればいいほうだろう。

前年秋に根茎を定植。翌年夏の生育状況

労力の軽減と早期成園化につながる「ポット苗」の定植会

もし参加者が少ないと講師に申し訳ないからと会員には絶対参加の念を押しておいた。それに講演後の質問時間の空白はしらけてしまうので予め本を読んで用意した。

　ところが忘れもしない２００１年6月7日午後1時前、ドヤドヤと人が集まってくるではないか。とても入りきれないと急きょ大会議室を借り直し講演が始まった。優に１００人を超えている。しかも農家ばかりではない。旅館の女将、飲食店のオヤジ、商店主、建設作業員までいる。

　赤池さんは「ワラビを栽培するには山菜ではなく野菜だと意識を変えること。ワラビの本体である茎をつくるには施肥が重要なこと。土壌はpH５前後で陽当たりを好むので休耕田はワラビに最適なこと。一年で芽が10倍は増えるので本気でやれば短期間で産地化が可能なこと。先ずは地元の自生地を調査し、栽培試験を経て有望種を選定すること。その系統に絞って産地化を図れ」とていねいに話をしてくれた。

　終わった後の質問も矢継ぎ早に飛んだ。

「栽培モノは味が落ちないのか」
「日陰のワラビを田んぼに植えて本当に大丈夫なのか」
「病気や害虫は出ないのか」
「発がん性の心配はないのか」
「輸入モノに勝てるのか」
「野焼きの効果は何なのか」などなど。

　すっかり予定時間をオーバーして終わった。前日こっそり用意した私の質問マニュアルは陽の目を見ることがなかった。

赤池さんの話に少年のように目を輝かして頷き、メモを取るたくさんの村人の眼差しを見て私は「これだ！　町民の欲求はワラビにある」と心の中で叫んだ。赤池さんは宿の食事に出された〝ワラビのおひたし〟に、「これはアスパラと見間違う太さだよネ」とおだててくれた。そして翌日は一緒に山を歩いてくれた。道すがら生えているワラビを折ってはかじりながら、「このモノはどれもアクが少ない。太くて粘りがあってトロッとした食感が特長だ」と話してくれたのである。

生産者、販売事業者、商工団体、行政が一緒になって

町長がワラビを農業の主力品目の一つに育てたいと全面的なバックアップを表明、町は2002年から希望者への根茎の無償配布を始めた（その後有償配布となって現在も続いている）。栽培面積は年を追うごとに増え、農業改良普及所はワラビ系統比較試験を開始してくれた。その後系統選抜実証圃設置、そして選抜された有望種の苗生産へと進んでいる。

このころ栽培の話題が広まるにつれ、「栽培モノは天然モノに劣る」という〝批判〟がもっともらしく語られだしたので、食べくらべ試食会を実施した。当日は旅館の女将が10名ほど集まってくれた。天然2種類と栽培2種類を伏せて食べてもらい、うまいと感じた順に番号を投票してもらったところ、栽培モノが1、2位を占めた。以降、この手の話は聞かれなくなった。

もともと太くて軟らかくてトロッとした食感で知られる西ワラビ。数年前、盛岡で朝鮮料理店を営む経営者が評判を聞きつけてナムルに使いたいと訪ねてきた。何度か試したもののシャキシャキ感がどうしても出せずあきらめたことがあった。特長であるこの繊維の軟らかさ、それはおそらくブナに代表される広葉樹林帯の奥羽山脈の肥沃な土壌と豪雪を融かす春の強い陽射しにより「天然の蒸し風呂」状態とでもいうべき暖かい過湿状況に育つからではなかろうか。

かつて大正から昭和にかけて長野県で高校教師のかたわら農山村各地の調査に足を運び、「風土学」とされる独自の地理学を確立した三澤勝衛は、「自然という自然に悪いものは一つもないはずであります。善悪はただ人間界だけの問題であります」と述べている。それに照らせば岩手県随一の豪雪にあえぐ山間西和賀は条件不利地なのではなく、個性なのだ。西和賀のワ

ポット育苗の生育状況を確認するネットワークの役員

ラビはこの自然の申し子なのだ。私たちの活かし方にかかっていたのだ、と思い知らされた。

２００６年から出荷できる人も現われてきたので本格的に販売の取り組みも始まった。広域合併問題等を抱えた農協にはかかわってもらえなかったこともあり、第三セクターの㈱西和賀産業公社が目揃え会、集荷から加工・販売まで手がけるようになった。

農家の中からも観光ワラビ園を始める人、旧牧草地に増えてきたワラビを養生し、天然ワラビ観光園を始める人も現われてきた。

生産組織を立ち上げることとなったがたんなる生産者組合ではなく、町内のワラビにかかわる個人・組織を網羅した組織にしようと生産者、販売事業者、商工団体、行政が一緒になって２００７年「西和賀ワラビ生産販売ネットワーク」を設立した。ねらいは町内の多くの産業がワラビにかかわってみんなでそのパイを大きくすること。パイが大きくなれば分け前（率）は同じでもそれぞれの取り分（額）は大きくなるという考えからである。農家は栽培技術を磨きながら生産の拡大に努める。建設業者は休耕田の排水工事や農道整備の提案でワラビ生産の拡大にかかわれるし、10ａ数万円程度の工事でもまとめると１００万円くらいの仕事は自分で提案できる。八百屋はアク抜き方法や西ワラビの特長を説明しながら売る。お菓子屋はワラビ餅や新商品の開発に工夫を凝らす。飲食店や旅館はおいしいワラビ料理を提供する。これらがお客の評判を得て生産を刺激し、さらに栽培が増えるという具合にらせん階段を上るようにお互いが伸びることをめざすのだ。

２００９年には岩手県や岩手大学の協力を得て「西わらび」とロゴマークの商標登録を取ることができた。

ワラビの現状とワラビ餅のブレイク

ブランド化がさらに進んだ。なにしろ県内各地店舗で水煮1把（200g重）200円程度のその横で堂々と380円で売られているのだ。町の農家748戸（2015年農林業センサス）の中、ワラビ栽培農家は250戸に迫ってきた。栽培面積も休耕田を中心に50haほど。総収量は50tほどになろうか。今の面積のままでも成園になれば100tを超えると思われるが栽培者も面積もまだまだ増え続ける見込みだ。

さらに町内の3店舗の製造販売お菓子屋がいずれも若手経営者で、それぞれワラビデンプン100%中心のワラビ餅を手がけたところブレイクしつつある。そもそもワラビ餅は関西方面のお茶請けの定番の一つとして知られ、原料も国産はほとんどなく輸入物が九分九厘らしい。しかもワラビデンプンは20%そこそこで80%はバレイショデンプンやサツマイモデンプンを混ぜるらしいのだ。それがここでは国産も国産、生産者が目の前にいる人だし、ワラビデンプン100%ということで人気に火が着いたようなのである。今はおいしいスイーツがあれば値段が多少高くてもどこまでも行って買い求める時代だし、しゃれたデザインのポケットサイズの箱がかえって手軽で人気があるという。今ではお菓子屋も私ら農家に会うと「おかげさまで」と言ってくれる。

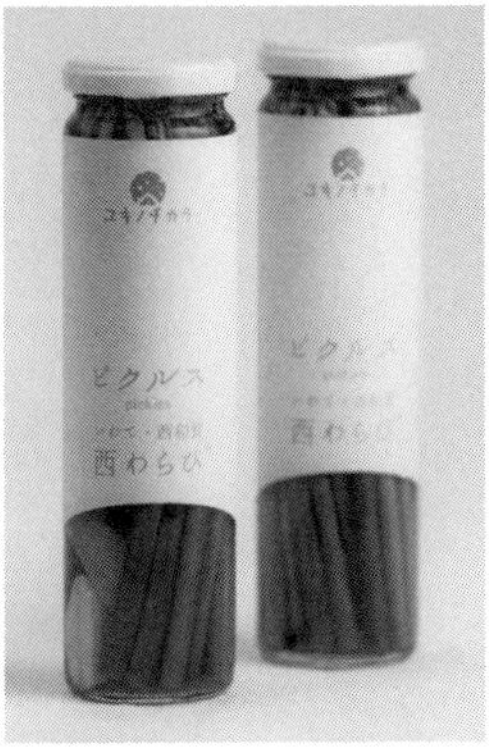

「和」のイメージが強いワラビを、「洋風」でも味わえるようにした「西わらびピクルス」を2017年に発売（写真提供：西和賀産業公社）

太くて軟らかく、トロッとした粘りが特長の「西わらび」（写真提供：西和賀産業公社）

健康的な生涯現役の生き方のために

今、国を挙げて「強い農業」「産業としての農業」が叫ばれ、小農や兼業農は邪魔者扱いされている。消えてなくなる運命にあるようにも見える。私の町でも御多分に洩れず、過疎・高齢化の中で「自己保全管理」という名の休耕田が増えている。このままでは耕作放棄されるのは目に見えている。

「西わらびお披露目&『ゆうパック』出発式2017」でドライバーに花束を託す筆者
（写真提供：西和賀産業公社）

じつはこういう農地こそワラビに最適なのだ。新たな機械も設備投資も必要ない。健康な身体一つあればよい。無農薬で自分の労力に合わせて栽培できる。一人で20～30 aはできる。1～2年で成園になれば一春40～50万円は稼げる。費用は2万～3万円の肥料代のみ。することは収穫作業だけ。

私は農とともにある元気な高齢化社会を描けないだろうかと思う。農のある暮らしは健康のため生きがいのためであると同時に定年がないので元気な限りは社会に必要とされるし、自分の居場所がある。生産政策、経済政策というよりも地域政策であり福祉政策でもあると思う。若いときのように子どものため家族のためではなく、まさに自分のためだけに働くことができる。結果としてそれが子どもや家族、社会のためになると思う。健康的な生涯現役の生き方は農山村こそ手本を示せるのではないだろうか。

PART 2

困りごと解決隊から地域運営組織へ

広島県三次市青河町では、住民全員で車両を所有し、利用する人もしない人も維持費用を全員で平等に負担するかたちで輸送サポート事業を実現（109頁）

困りごと① 過疎高齢化・空き旅館・高齢者福祉

自治会のグリーンツーリズム推進協議会から地域課題解決のＮＰＯ法人へ

誇りをもって住み続けたいと思える地域に

山口県長門市俵山地区／**特定非営利活動法人　ゆうゆうグリーン俵山**

ゆうゆうグリーン俵山 理事長　村田　保

半減した温泉旅館

俵山地区は、２０１６（平成28）年12月に日露首脳会談が開催された山口県長門市の南西部に位置し、４６４世帯１０６３人が暮らす典型的な中山間地域である。湯治場として名を馳せた温泉集落を九つの農村集落が取り囲む地形で、あわせて10の集落から構成される。高齢化率が50％を超えるなど、過疎高齢化の進行により、地域の活力が急激に低下している地域である。

俵山温泉は、環境省指定の国民保養温泉地で、pH９・

市から指定管理を受託した交流拠点施設「里山ステーション俵山」

8とアルカリ度が高く、神経痛やリウマチに効能があることから、以前は湯治で長期滞在するお客も多く、旅館や周辺農家も潤ったものである。しかし時代は移り、湯治客の高齢化や医療技術の進歩、そして、観光形態の変化によって宿泊客は大幅に減少してきた。40軒以上あった旅館も半分以下に減少したうえ、そのほとんどが老朽化や後継者不足に陥り、温泉地の存続すら危うい状況に陥っている。周辺農家も同様で、耕作放棄地の拡大や担い手不足から、組合や法人組織への農地集積が進んではいるが、組織の運営もままならず、強力なリーダーの出現が望まれている。

公民館のグリーンツーリズム推進協議会からNPO法人へ

俵山公民館では、全住民を対象とした学習会を年に一度開催している。テーマは産業や環境、教育などさまざまであるが、こうした学習会の成果として、地域再生に向けて温泉やスポーツ広場、食と農を結びつけたグリーンツーリズムを活用することが確認された。

２００４年には青年部を中心としてグリーンツーリズム推進協議会を設立、ちょうどこの年から山口県がグリーンツーリズムに重点を置いたことから、モデル地域として専門家の派遣や、モニターツアー開催を支援してもらい、徐々に成果を上げていくこととなる。

とくに２００５年から国土交通省の「地域づくりインターン事業」を導入し、都市部の大学生に農村生活を体験させる中で民泊に取り組んだことが評価され、２００８年「子ども農山漁村交流プロジェクト」のモデル地域全国50ヵ所の一つに選定されることとなり、これを機に人材育成や備品整備といった環境整備

民泊先でリラックスするインターン大学生

が加速した。そして、都市農村交流活動に拍車がかかり、現在では幅広い年代に対応した交流活動の受け入れを実施している。

こうした都市農村交流で一定の評価を受けることで知名度や好感度は上がったと思われるが、経済効果としては微妙なうえ、地域の課題は広範囲にわたっており、高齢者福祉、環境、産業、教育などの諸問題に直面した。とくに独居老人や高齢者のみの世帯が増加しており、行政では対応しきれない問題について、「地域のことは、自分たちで考え、動かしていく」ことが重要で、課題の解決に向けて幅広い事業に対応できる体制をとることが必要だと考えるようになった。

２０１１年の山口国体ラグビー競技の俵山開催が決定したおり、市は、全国から集まる選手たちとの交流拠点施設を建設し、地元団体による指定管理者制度を導入すると発表した。それまで公民館の一室を間借りしていたグリーンツーリズム推進協議会は、何としても活動の拠点が必要であり、受託するために法人化が避けられないと考えた。役員間で協議し、公務員が多い状況でも対応が容易だという判断から、法人格としては２００９年５月にＮＰＯ法人として組織を改編することとなった。

当法人の活動コンセプトは〝地域愛〟である。「誇りをもって住み続けたいと思える地域に」をスローガンに、地域コミュニティの強化を図るための事業を展開している。活動は徐々に浸透し、現在では住民の３割以上が加入、市から指定管理を受託した交流拠点施設「里山ステーション俵山」を拠点に、地域課題の発掘、解決を図りながら、情報発信や観光デザインを含めた地域のコーディネーターとして日々の活動を展開している。

事務局体制は事務局長以下パート職員６人がシフト対応し、常時２人が勤務している。イベント開催時には参加可能な会員で対応している。手伝いの日当を決めることによって、可能な限りたんなるボランティアで終わらないように工夫している。市の条例で定休日は年末年始のみ。年間予算は３０００万円を超え、人件費は１０００万円を超える。支払いのほとんどが俵山地区内で消化されており、地域にとっては優良企業といった位置づけとなっている。

法人が展開している事業内容

(1) グリーンツーリズムを活用した都市農村交流

設立の経緯からも、活動の中心は都市農村交流の促進である。現代の子どもには生きる力が不足しているといわれ、ゲームやスマホの普及や外遊びの減少などに対し、自然や人との交流が必要な農山村での生活体験の有効性が議論されている。当法人では、地域の特徴である温泉と農産品を取り入れた豊富な体験メニューと複数の有資格者を有し、安心安全な体験活動を提供しており、学校や子供会などのグループに適した教育旅行にも対応している。さらには、農家民泊が体験メニューの中心となっているが、個性豊かな50軒の民泊先が農村体験の貴重な思い出となっているようだ。

台湾高校生の修学旅行。「ようこそ俵山へ」

また、大学生や外国人との交流もさかんで、地域づくりインターン事業で都会からやってきた大学生は40人を数え、就職してからも全国各地で俵山のＰＲ大使、宣伝マンとなっている。

さらには国の政策等により、インバウンドの問い合わせも増えてきた。２０１６年度は、韓国、台湾の高校生修学旅行の受け入れも実施した。ラグビーワールドカップや東京五輪の開催に向けてこの流れは加速していくはずであり、受け入れに向けた体制強化が必要である。

(2) 高齢化社会に対応した福祉事業

地域の一番の課題は超高齢化である。高齢化率が50％を超えており、高齢者のみの世帯では、買物、通

里山弁当を前に毎週出会いが楽しみなお年寄りたち

院、食事等が困難になっていることから、少しでも長く故郷で生活してほしいとの思いで、デイサービス事業、食の支援、足の確保事業を展開して自立を支援している。デイサービスは、比較的元気な高齢者がひきこもりにならないように、サロン形式で週1回。昼食の支援は安否確認を兼ねて週5日。足の確保はデマンド形式で週3日実施している。最初は利用者も少ない状況であったが、このところ少しずつ利用が拡大している。導入時に希望者がなくて断念した買物代行サービスも需要が見込めそうなことから、再導入も検討している。

そして、リタイアした高齢者の力を借りることも必要である。農園の管理や体験での技術指導、さらに簡単な作業に従事してもらうことで、健康の維持はもちろん、地域に貢献しているという意識が長寿につながることを期待している。

(3) 公共施設の管理と環境保全

当法人では、里山ステーション俵山のほかに多目的交流広場「俵山スパスタジアム」の指定管理も受託している。ここは、国体のラグビー競技が開催されたところで、2019年に日本で開催されるラグビーワールドカップのキャンプ地に立候補している。夏休みや春休みにはラグビーやサッカーの合宿で多くの選手たちがやってくるため、選手を迎えるための芝管理や使用団体の日程調整など、地域に密着した取り組みを実施している。

また、地域には、3万本以上のしゃくなげ園や、ツツジの名所の公園などがあり、季節には多くの観光客を喜ばせている。しかし、その敷地が広大なため、夏場の草刈り作業が追いつかない。そこで、モニターを募って作業イベントを開催したり、定期的に会員を招集したりして作業に取り組んでいる。さらには、通学路や花壇などの環境整備は行政との協働で、少しばかりの経費を負担してもらい環境対策に取り組んでいる。

(4) 特産品開発と地産地消

俵山地区は寒暖の差が大きく農産物がおいしいと言われる。これを地区外の人たちに紹介するため、毎月朝市を開催している。さらに、お中元、お歳暮時期には加工品を詰め合わせた宅配セットも販売している。地域の特産品を開発しようと、朝市の開催時には、ソバやパン、ピザなども提供し、徐々にお客が増加している。宅配セットは毎年１００セット程度の受注があり、都会で生活している人に故郷を感じてもらっている。

２０１４年からはこれらの食文化を広くアピールするイベントとして温泉街で「イチニチレストラン」を開催している。事前にワークショップを開催して食材の生かし方を学習し、地域の食材で工夫した露店が立ち並び、あわせてチンドン屋などの大道芸人を配置するなどして、温泉街に久しぶりの活気を取り戻すことに成功した。

特産品「長門ゆずきち」を使った加工品づくり

コーヒーショップを開業した初代地域おこし協力隊員

(5) UIJターンの促進

２０１３年度には地域おこし協力隊制度を導入した。その任務の一つに定住対策を掲げ、ＵＩＪターンの促進に取り組んでいる。空き旅館を借り受けてリニューアルしたお試し暮らしの宿を活用したり、空き家情報を整備したりすることで、移住に対する問い合わせも増加している。ここ5年間で7世帯26人が新しく住民となり、活性化に貢献している。移住者には、地区外の人も含めて面白いコミュニティが出来上がっているので、田園回帰の流れの中、移住者同士の情報交換を通じて、さらに地域に興味をもつ人たちを取り込んでいきたいと考えている。初代協力隊は、任務完了後温泉街でカフェを開店し定住しており、２０１６年からは2代目の地域おこし協力隊が就任した。

全国的な人口減少の中で、田舎の人口が減っていくのは仕方がない。その程度が問題である。２０１５年の公民館学習会の講師である島根県中山間地域研究センターの藤山浩氏（現・持続可能な地域社会研究所）によれば、人口の１％を取り戻すことで緩やかな衰退に留めることが可能とのこと。人口１０００人の俵山地域で言えば、年間10人のＵＩＪターンをめざして活動を進めている。

これからの課題——小さく積み上げて稼げる社会に

当法人の一番の課題は、予算と人材の確保である。運営経費の大部分を国や地方自治体からの資金で対応している現状だが、金の切れ目が縁の切れ目になってはならない。撤退できる事業は少ないので、法人運営経費を捻出していくために、助成制度にアンテナを張りながら、少しでも利益を生み出す事業を展開しなければならない。発足当時青年部だった役員も壮年となり、次世代への引継ぎが必要不可欠である。人材育成や移住者の取り込みなどでの対応を模索している状況である。

全国的に過疎化による活力の低下が大きな課題だ。国は地方創生として、まち、ひと、しごとの創出を求めているが、一つの仕事で実績をあげていくことは困難だ。小さく積み上げて稼げる社会にしていかなければならない。そのために、地域コミュニティを強化することで住民同士が助け合えること、地区外の人から感謝、尊敬されること。これらの積み重ねが誇りを生み出すと考えている。誇りをもって住み続けたいと思えば、地域に愛着もわくし、よくなってほしいと願うはずだ。われわれの活動がその一助にならなければいけないと思う。

困りごと② 雇用・後継者・高齢者福祉・廃校活用

無茶々園40年の活動とFECWの自給による町づくり

農家組織から地域組織へ

愛媛県西予市／株式会社地域法人 無茶々園

株式会社地域法人 無茶々園 代表取締役　大津清次

無茶々園の活動と歩み

無茶々園《むちゃちゃえん》のある西予市明浜町は、四国愛媛県西南部に位置し、リアス式海岸特有の山がちで平野が少なく、すぐに海が広がる過疎の町です。

１９７４（昭和49）年、農薬や化学肥料を多用する柑橘栽培に疑問をもった農業後継者３人が、地元のお寺の土地を借りて伊予柑の無農薬栽培を開始し、その実験農場を「無茶々園」と名づけました。むちゃちゃとは、スペイン語でおねーちゃん、無茶苦茶かも知れないが、夜の蝶よりミカン山の蝶を追ってがんばろう

無茶々園の農家が栽培した果実だけを使った
柑橘ジュースと明浜の町とリアス式海岸

と組織の名前に！　現在正組合員70人準会員78人。無茶々園の原点や活動の詳細は紙面の都合上、ホームページをご覧ください(http：//www.muchachaen.jp)。

エコロジカルな町づくりをめざして

評論家の内橋克人さんは、２０００年ころ、「ＦＥＣの自給」が日本経済の復興のモデルと指摘されていました。すなわちフード（食料）、エネルギー、ケア（福祉）の自給です。私たちは、これに雇用（働く）を加えて、ＦＥＣＷが自給できる町づくりをめざしたいと考えています。内橋さんの言うＦＥＣ、つまり食料、エネルギー（環境）、福祉の自給をテーマとして、雇用を生み出す仕事おこしの実践をすることです。食（農業）分野では、非農家の若手農業者による「ファーマーズユニオン天歩塾」を立ち上げました。

無茶々園では愛媛県の最南端、愛南町に６haの果樹園、松山市北条に４haの有機野菜園、12haの柑橘園、地元明浜に３haの果樹園、計約25haを栽培しています。県外出身者８人と海外実習生５人で悪戦苦闘しながらがんばっており、５年前から黒字経営をしています。町外は大規模有機農業の実践の場として、過疎化や高齢化が進む地元明浜町では、地域の畑を守っていくことが重要な取り組みの一つです。

ちなみに明浜町の高齢化率は44％。そのために研修生や新規就農者の受け入れを行なってきました。数日間の農業体験、短期研修から１年間の研修生など形態はさまざまですが、農業志向の若者を受け入れています。現在、研修生を経て新規就農者として自立した３人が、明浜町に住んで農業を行なったり、無茶々園の職員として働いています。

また、海外からの研修生の受け入れも行なっており、ベトナムやフィリピンから20人の研修生が現在生活し、研修しています。重要な労働力でもあります。また研修期間が終わって祖国に帰り、有機農業に取り組むための研修を支援しています。日本で学んだ技術やノウハウを母国で生かし、ベトナムやフィリピンの田舎の町おこしを支援することが最終目的です。将来的には、相互に生産物を輸出入できる関係をつくり上げることができればと考えています。

農家組織から地域組織へ

農業以外の新たな取り組みとして、福祉事業と加工事業を行なっています。高齢化は、避けては通れない地域です。「ピンピンコロリ」、すなわち、元気なうちはできるだけ地域に役立つ仕事をし、ピンピンコロリと人生をまっとうできる生き方をしたい。万が一、介護が必要になったときは、地域全体で見守り、安心できる福祉の体制、すなわち福祉の自給をめざしたいと考えています。

２００９年から女性有志が自分たちも地域の役に立ちたいと独居老人の家に配食サービスを有償ボランティアで始めました。また１９９５年からヘルパー講座を独自で開校し、１５０人のヘルパーを養成しました。第一期生（清家真知子施設長）が20年の経験を積み舞い戻ってきて、２０１３年には㈱百笑一輝を立ち上げ、有料老人施設兼デイサービスセンター「めぐみの里」を立ち上げました。ここに、農家組織から地域組織へ無茶々園が脱皮し、ほんものの町づくり集団になったと考えています。

もう一つの重点課題は、農業の六次産業化です。つまり加工、直売所、農家民宿など田舎の資源を生かした町の活性化事業です。私たちは、大規模農業実

ファーマーズユニオン天歩塾は、新規就農者の受け入れ・育成機関

地域の役に立ちたいと女性有志が2009年から独居高齢者への配食サービスを始めた

無茶々園のヘルパー講座を受講後、別の施設で管理者を経験し、「めぐみの里」を立ち上げた清家真知子施設長

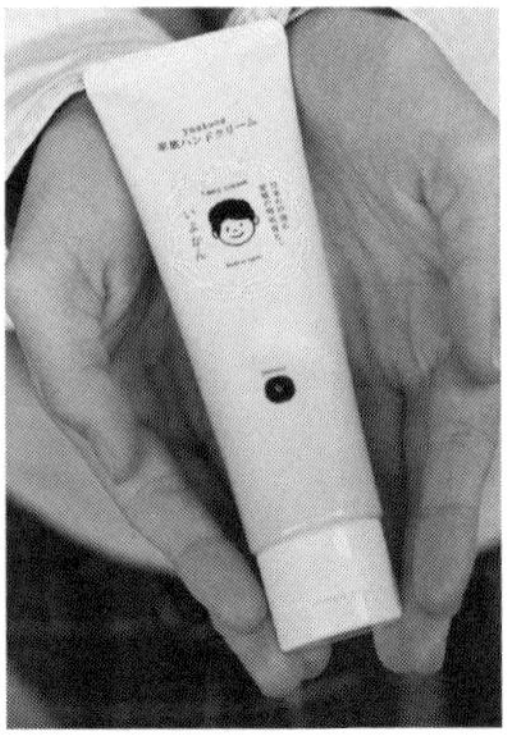

コスメブランド「yaetoco」の「家族ハンドクリーム」

験、新規就農支援のための研修制度、トレーサビリティのためのIT化など、つねに新しい実験的取り組みをしてきました。今、地球温暖化や先行き不安な経済情勢では、不安定なミカン生産農業だけでは将来の展望はありません。多品目化、経営分散、そして自給がこれからの生き残るテーマであると確信しています。

２０１２年に地域の原料を主体にしたコスメブランド「yaetoco（ヤエトコ）」を立ち上げました。お祭りのかけ声「やーえーとこー」からの命名です。有機農業を実践していく中で、加工品の比率が2〜3割程度、慣行栽培に比べて多く、安心して農業を実践していくためにも加工事業は、重要な位置づけであります。柑橘の花、葉、摘果ミカン、ジュース粕、ミカン山丸ごと商品化がめざすところです。塩の製造もおもしろいと考えています。

廃校となった小学校を地域づくりの拠点に

２０１５年３月に廃校となった狩江《かりえ》小学校の跡地利用について地域住民で1年間話し合い、その結果、無茶々園を活用管理責任団体として、新たな地域の町づくりの拠点「かりえ笑学校」として開校しました。８月28日に開校式を行ない、無茶々園は本部機能を校舎に移転して、「ＦＥＣＷ」の自給をめざした町づくりを地域のみんなと進めたいと考えています。これまでの行政主導の町づくりから住民主体の町づくりへ。市民が市民のお金で、市民のために、楽しく、人の役になる仕事おこしをすることで活性化すると考えています。

めざすは小規模多機能自治の町づくりモデルです。狩江地区（狩江小学校区）は、３４１世帯、人口９８４人の集落です。３人程度の役場職員と町おこしグループ、そしてよそ者（県外者）が地域のために、産業も福祉も医療も、地域や世間が必要とする小さな仕事（事業）を行ない、誰もが誇れる地域にすることです。とくに、秋祭りを継承することです。そのためにも、練（出し物）を担う子どもたちや若者を定住さ

誰もが誇れる地域にするために力を入れている秋祭りの継承

廃校を活用した地域の新たな拠点「かりえ笑学校」。無茶々園の本部機能もこちらに移転

農林水産祭むらづくり表彰事業で天皇杯を受賞。右が筆者、左は宇都宮俊文代表

せることが大切です。幸い2015年4月の西予市市議選に無茶々園代表の宇都宮俊文が立候補して当選しました。また2016年度農林水産祭むらづくり表彰事業では天皇杯を受賞しました。いよいよ、無茶々園の出番がやってきたのです。

最後に、ここ西予市明浜町は伊方原発30km圏内に位置します。太陽光発電、地熱利用、バイオマスなど原発に依存しないエネルギー自給100%の町づくりを掲げ、若者のエンジニアを育てる。そんな夢を描いているところです。課題はつきません。私たちの力だけではとうてい解決することはできないでしょう。しかし、われわれには世界中に友人がいます、100万人の消費者がいます。世界中の友と人間力を磨いて、共感力を磨き、世界に誇れる町にしたい、そう考えています。みなさんもこの田舎再生運動に参画していただき、活力ある日本にしていきましょう。

※本稿は、Radixの会会報「ラディックスニュースレター」82号に掲載された同題の記事を、加筆のうえ転載させていただきました（編集部）。

困りごと③ 学校、保育所の統合・生活店舗、ガソリンスタンド廃止

校下民運動会、ワークショップから集落活動センターへ

「働く・稼ぐ」「支える」「実現する」「集い」の4本柱

高知県土佐町／**集落活動センターいしはらの里**

いしはらの里事務局（集落支援員）　山下秀雄

地域の概要

土佐町は四国のど真ん中、高知市の北部に位置し、四国三郎吉野川の源流域にあり、四国の水がめ早明浦ダムのある町。総面積は212・11㎢、面積の85％を山林が占め、水稲、肉用牛、夏秋野菜などの農業、林業を中心とする山間地域。

町の世帯数は2017（平成29）年現在1963戸、総人口は3992人。その中でわが石原地域は、町中心部より車で30分、町の西部地域にあって、吾川郡いの町に隣接している。世帯数は171戸、人口は

集落活動センターいしはらの里（旧石原小学校校舎）。屋根には太陽光発電パネル。中央のモミの木はクリスマスイルミネーション用

345人である。

発端となった困りごと

(1) 地域から中学校、保育所、小学校がなくなる ——閉校した学校をどうするのか

学校、保育所が統合され子どもの声が聞こえなくなると地域も元気がなくなる。

1983年3月、町立石原中学校が学校統合により閉校となった。創立は1947(昭和22)年4月で、36年間に931名の卒業生を世に送り出してきた。

2006年3月、町立石原保育所が統合により閉園となる。開園は1961(昭和36)年7月で、45年間に527名が卒園した。

2009年3月、町立石原小学校が学校統合により閉校となった。創立は1874(明治7)年9月で、135年間で2276名が卒業した。

地域の教育に対する思いは強く、明治30年代から「将来完備した施設で教育を行なうためには、国や村へ頼るだけではダメで自らの学校財産を造っておかなければならない」と、学校林を創設し40haの山林を所有するに至っている。

この学校財産の管理は、石原小学校下4集落である西石原、東石原、峯石原、有間の地区長ら役員構成の石原校下会があたり、地域住民が構成員となっている。

閉園となった保育所、閉校となった小学校跡をどのように使うのか大きな課題となっていた。

(2) 地域になくては困る生活の店

車の運転ができないお年寄りにとって、生活店舗がなくなるということは死活問題である。2011年10月から12年2月にかけて、土佐れいほく農業協同組合の経済事業改革にともなう店舗改革案の地域説明会があり、地域に店がなくなるのではないかという不安が生じた。

また2012年4月1日には同店舗のガソリンスタンドの燃料取扱業務が休止となり、人員も2人から1人となったが、日用雑貨の生活店舗として2013年10月30日までしばらくは農協による営業が続けられた。

その昔、西石原には、旅館3軒、商店4軒、酒屋1軒、たばこ屋1軒、洋品店1軒、散髪屋2軒、美容院2軒、郵便局、農協があり、にぎわいを見せていた時代もあった。

活動の経緯

(1) 校下民運動会

２０１１年11月３日、校下会主催による石原校下民運動会（毎年１回開催で51回目）があいにくの天候のため、旧石原小学校体育館で開催され、来賓として出席した和田守也副町長（現町長）が、「これだけわきあいあいとやれる地域であれば、高知県がこれから推進しようとしている『集落活動センター』の事業に取り組めるのではないか」と筒井良一郎校下会長に打診。筒井会長はおもだった役員と相談し、「一度事業概要を聞いてみよう」ということになった。

(2) ワークショップへの取り組み

同年11月15日、地域の高齢化、人口減少、農協店舗の縮小など住民生活の不安が拡大する中、集落活動を支える拠点「集落活動センター」事業への取り組みについて各集落３人以上の参加要請を行ない、町の澤田智則産業振興課長、県の尾崎康隆地域支援企画員の事業説明を聞いた。

12月19日には第１回ワークショップが開催され、２０１２年５月の「いしはらの里協議会」設立までに三十数回のワークショップや会議が開催された。ゼロからスタートした、いしはらの集落活動センター事業、活動の原点がここにあったと思われる。

会議のテーマは、「活気ある地域にするためにはどうすればよいのか」。これからの地域を担っていく若い人たちに声かけし、消防団、婦人会、ＰＴＡ、クラブ高嶺（４Ｈクラブが前身の若手活動グループ）、老人クラブ等へも参加を呼びかけた。

ワークショップは、「やるなら、楽しく、にぎやかに」。話し合いも長々とやるのではなく2時間が限度。発言は、ボール回しを行ない、ボールを持った者が発言するゲーム形式で。会議が１人の発言で終始するのではなく、だんまり屋さんもボールが回ってくれば何かしゃべらなくてはならず、幅広い意見を聞くことのできる討議となった。

会議は地域の課題から、「こんな石原になればいいなあ」。そして「理想の石原地域の姿」へと展開、「働く・稼ぐ」「支える」「実現する」「集い」という四つの方向にまとめられた。

①石原で暮らしつづけるために「働く・稼ぐ」仕組みづくり

ありのままの田舎、田舎でしか体験できないものを活かす。若い世代が暮らせる環境をつくる。

②石原で石原を「支える」

農作業や地域の共同作業の支援、生活サービスの維持により誰にとっても住みやすい環境をつくる。

③石原を「実現する」

石原を暮らしやすい環境にし、石原に来てもらえる環境をつくる。農畜林資源や、自然、史跡など地域の資源を研究し活用する。小水力、太陽光、風力発電について研究し、大学など研究機関とも連携する。

④石原での「集い」

人が集まり集う場づくりで、石原全体を元気にする。お年寄りの「あったかふれあいセンター」などの居場所づくり。

これら4つの柱、方向が4つの部会活動となり、①直販部会、②共同作業部会、③新エネルギー部会、④集い部会がそれぞれの目標に向かって実践する体制づくりができた。

こうした短期間にワークショップや多くの会議が行なわれ、いしはら集落活動センターの活動目標、方向性が組み立てられたのは、地域住民はもとより、それらの意見を引き出しまとめた県職員の尾崎康隆地域支援企画員、町産業振興課の町田健太主事、土佐町社会福祉協議会地域福祉コーディネーター上田大主任ら3人の息の合った指導によることは特筆される。会議の準備と会議のあとの取りまとめは大変な労力であったと思う。

(3) いしはらの里協議会の設立と集落活動センターの開所

それまでの話し合いの経過を、2012年4月20日には東石原、峯石原地区、5月1日には西石原地区、5月9日には有間地区で説明会を行ない、情報を共有した。

4月28日と29日には高知県主催による高知ふるさと応援隊説明会が東京・大阪で行なわれ、大阪会場に参加していた中村勲二さんを地域おこし協力隊員として雇用することとなる。

5月11日、いしはらの里協議会設立総会が開催され規約等が制定されるとともに、役員の選任、活動計画などが承認され、これまで温めてきた活動のスタートとなる。

７月１日、取り組みの拠点となる「集落活動センターいしはらの里」を旧石原小学校校舎（石原コミュニティセンター）に開所する。

(4) よさく市・七夕まつり・ライトアップ

①まるごと石原よさく市

５月３日に開催。「よさく」とは、地域の幹線道国道４３９号線に由来するが、春の芽出しの季節をとらえ、自分たちでできる身の丈にあった行事として直販部が中心となって開催する。

食べもの、加工食品は、食品加工施設が営業許可を受けていないと販売することができないため試食に甘んじたが、多くの来店者があり、やればできるという自信をつけることができた。以来春と秋によさく市が開催され、また国道バイパス改良工事完了に合わせて２０１４年11月より直販所「やまさとの市」へと発展していった。

②昔ながらの七夕まつり

７月７日開催。シャッターの降りた町並みにあって、昔ながらの七夕まつりで一夜のにぎわいがとりもどせ

「秋のよさく市」。写真左の建物が直販所「やまさとの市」

写真のメニューのほかに、うどん、おでん、よさく鍋などもある

2013年7月の「いしはら七夕まつり」準備中

たらと、高知工科大学の学生との交流を図りながら企画開催。地域住民みんなに呼びかけ2000枚の短冊を書き、一週間かけて笹へ飾りつけるなど、できることをぼちぼちとやるが、当日本番へ向けてだんだん盛り上がりを見せ、以後毎年この時期に開催されることになる。

③いしはらの里クリスマスライトアップ

12月26日に地域と大学生とのコラボで集落活動センターの庭にモミの木を立て、イルミネーションと2000個のキャンドルアート、竹を使ったクジラのオブジェなどで地域をライトアップ、みごとな光の祭典となった。

2016年のクリスマスイルミネーション

この行事は、七夕まつりでみんなに書いてもらった短冊の願いごとの中から実行委員会が叶えられることがあればというものを選び、入選作が一大イベントとなったもの。

「嶺北一のイルミネーションをやりたい」「家の裏山の竹林を整備してほしい」「○○さんとデートがしたい」などの願いごとが合わさり実現したものだ。

(5) いしはらの里ガソリンスタンドの営業再開

農協石原店では2012年4月にガソリンスタンドが休止となり、お年寄りは冬場の暖房や風呂の燃料に不安を抱いていた。スタンドを何とか再開できないものか、協議会内にガソリンスタンド運営委員会の専門部会を設け、研究・検討する中で、8月、経済産業省のモデル事業（燃料供給不安定地域対策事業：サービスステーション過疎対策事業）に提案・採択となり、使用期限切れとなった旧農協施設の改修を行ない、厳寒期の13年2月2日にオープンさせることができた。

ただし、石油販売業は個人か法人でないと認可されないため、やむなく協議会の会長である筒井良一郎でスタートとなった。

(6) 合同会社の立ち上げ

農協石原店を間借りしてのガソリンスタンドの営業や、税務対応の課題など、何よりも今後の集落活動センターの経済事業の拡大のためには、法人化を考えなくてはならないとの検討が始まる。法人格は株式会社か合同会社かということになったが、出資者の合議制と当初の経費面から合同会社になった。出資金は、年金暮らしのお年寄りも多く、地域住民みんなに参加してほしいということから一口1000円として、9～10月、住民への説明と出資金集めが行なわれる。

出資者211名、出資金214万円となり、2013年11月1日、合同会社設立のための法人登記、設立総会を行ない、合同会社いしはらの里（代表社員筒井五郎）が誕生する。農協石原店を「さとのみせ」に改称、これまでのガソリンスタンド筒井良一郎も引き継ぎ、生活用品販売店舗として営業することとなる。

これまで活動の経緯を(1)～(6)まで述べてきたが、いしはらの里協議会の取り組み課題の原点となる部分かと思う。以下、年代別にまとめると、

第0期　集落活動センター立ち上げに向けて

旧農協店舗を活用した「さとのみせ」

さとのみせ入り口。背みのや肥料なども販売

さとのみせ店舗内。ちらし寿司やおはぎ、いなり寿司を並べて惣菜コーナーに

第1期　２０１１年11月〜２０１２年6月
集落活動センター説明会／ワークショップ／地区説明会ほか
集落活動センター開所　実働開始
２０１２年5月〜
よさく市開所／地域おこし協力隊員配置／七夕まつり／ライトアップほか
11月より集落支援員が配置され事務局体制が整った

第2期　合同会社設立　外部人材との交流連携
２０１３年1月〜２０１４年3月
ガソリンスタンドの再開／合同会社いしはらの里設立／生活店舗さとのみせ営業／大学のワークショップ

第3期　集落活動センター　活動拠点整備
２０１４年4月〜２０１５年3月
太陽光発電パネル設置／集落活動センター改修（調理場・風呂・便所）／直販所新築ほか
国道４３９号線石原バイパストンネル開通

第4期　つぎの世代へ引き継ぐために
２０１５年4月〜
コミュニティセンター指定管理／いしはら木の家プロジェクト／山の仕事人育成事業／大学との交流事業

困難だったこと、活動の成果、成功要因

活動をすすめるうえで、とくに困難だったことの印象はないが、あえて言うなら、取り組みをすすめる中でつぎつぎに課題が生まれ、それを乗り越えていったということかもしれない。ただ素人感覚ではできることでも、いろいろな法律、規制があり、それをクリアしなければ何もできないということだろうか。ガソリンスタンドであれば危険物取扱、食品販売では食品衛生、品質表示、人を雇用すれば労働基準法、雇用保険法、会社を経営すると経理や税務対応などそれなりの専門性が求められる。

組織を運営していくうえでは、会議で決まったことをどれだけ周知、理解してもらい、どれだけ多くの関係者が活動に参画してもらえるのかが大切なポイントとなる。

活動の成果としては、一人ひとりでは、あるいは一

集落ではできなかったことが、旧学校区単位の集落活動センターの取り組みとして、小さな拠点づくりとなっている。住んでよかったと言える、安心して暮らすことのできる地域づくりをめざして、石原の活性化が、地域福祉の観点からも始まったと言えるのではないだろうか。

直販所やまさとの市、大学のフィールドワーク、いしはらの「おきゃく」(宴会)、各イベントを通して、地域内外との交流が生まれ、いしはらのファンづくりが拡大されている。そして多くの視察者があり情報の交流が図られ、いしはら出身者の地域への思いや声が「よう頑張ってくれゆう」との心強い応援メッセージとなっている。

活動成功の要因としては、前述したが、集落活動センター立ち上げの時点から尾崎康隆地域支援企画員、町田健太主事、上田主任ら3人の息の合った指導力と地域おこし協力隊員の力があった。また筒井良一郎会長をはじめとする、各役員のリーダーシップと忍耐力であり、地域住民の参画であろう。県、町、土佐れいほく農業協同組合等の活動推進への理解と支援もかかせないものであった。地域おこし協力隊、集落支援員の配置による事務局体制の果たす役割も大きかった。

活動の課題と問題点

住民の生活の砦「さとのみせ」であるが、高齢化・人口減少などで購買力が低下する中、どのように店を存続させていくのか、またガソリンスタンド部門は、冬季の暖房、農作業の燃料、災害時の燃料などで重要な部門であるが、経費コストが高く、経営を圧迫する要因ともなっている。

直販所やまさと市には西石原生活改善グループ、東石原さくら会が主力加工グループとして出店しているが、高齢化の課題もあり、これら生産グループの育成と農畜林産物の生産拡大策が必要である。

さらに生産体制づくりと地域人材の確保をめざして移住者呼び込みのためのモデル住宅の建築に取り組んでいるが、これら移住者の定住化のための就労支援対策も必要である。

集落活動センターの継続的発展と、次世代への引き継ぎのための人材育成も必要である。

何もしないまま手をこまねいていたら地域は衰退してしまうばかり。高齢化、人口減少にはまったなし、集落も、人出不足から、道の草刈り、神社の維持管理など、一集落では機能できない時代がきている。これら危機意識と、問題解決の方向として、地域住民の気心の知れた集まり、小学校区の集落活動センター、地域の小さな拠点づくりは的を射た取り組みであった。

行政頼みだけではなく、地域住民の知恵と活力を生み出し、諸課題に果敢に挑戦していく活動を前進させたいものである。

「いしはらの木の家」。みんなでペンキ塗り

memo

●地域の世帯数／人口／高齢化率*

	世帯数	人数	高齢化率
地区全体	171世帯	345人	50.4%
西石原	87世帯	168人	49.4%
東石原	49世帯	118人	50.0%
峯石原	26世帯	43人	57.1%
有間	9世帯	16人	50.0%

●活動範囲　旧石原小学校区

●年間予算　437万円（2017年度）

●旧村合併の変遷

1889（明治22）年……市町村制が施行、地蔵寺村、石原村が合併し地蔵寺村となる
1955（昭和30）年……森村・地蔵寺村・田井村3村合併し土佐村となる
1970（昭和45）年……土佐町制、現在に至る

*2017年4月1日現在

困りごと④ 災害対策・独居または高齢者世帯・空き地、空き家

「限界集落」から「元快衆楽」へ

会員は住民全員、熟議の活動

愛媛県西予市城川町／**川津南やっちみる会**

西予市 高川公民館主事　宇都宮雅己

地域の概要

「川津南やっちみる会」が活動する愛媛県西予市城川町川津南地区は、西予市の東側（高知県檮原町との県境）に位置し、西予市の中心から約40kmの距離にある静かな農山村地域です。周囲を山々に囲まれた標高約270mの川津南地区は、下、成、今井、安尾、程野の五つの集落（行政区）が盆地を囲むように形成され、冬季には愛媛県南予地方という温暖な地にあってはめずらしく積雪があることも特徴の一つです。

1968（昭和43）年に574人であった人口は、

川津南地区は周囲を山々に囲まれた盆地

2017年末には209人にまで激減し、高齢化率は45％を超え限界集落の一歩手前、少子高齢化と過疎化の進展が著しい地域です。

おもな産業は農業で、水稲、ハウストマト、酪農、養鶏などのほか、近年はキャベツなど集団での営農も増加しつつあります。また、林業、大工といった自営業が比較的多いのも特徴です。

地域には、コウモリやめずらしい昆虫が生息する穴神鍾乳洞や、坂本龍馬をはじめとする土佐勤王の志士が脱藩したとされる維新の道があるほか、九十九曲峠は多種多様な動植物が生態を成す自然が豊かな地域でもあります。

発端となった困りごと

2009年度、西予市の社会福祉推進事業を活用して「西予市川津南地区社会福祉事業（集落づくり）計画書」を作成しました。川津南地区は大規模災害時に陸の孤島となることが懸念されるほか、高齢化率も高く、要援護者の支援のための方策と、集落の住民同士が支えあい、生きがいや集落づくりのための一助になるようにと、地域の計画書を作成することとなったものです。

作成に当たり、住民一人ひとりが抱える課題やニーズ、集落としての生活課題を洗い出すため、アンケート調査や聞き取り調査を行ないました。そこで出された課題や意見には、以下のようなものをはじめとして、多くの住民が課題を抱えている（川津南の将来に不安を感じている）ことが浮き彫りとなりました。

・独居または高齢者のみの世帯が増加してきた。
・空き家が増加してきた（不在地主の土地や家屋の荒廃が進んできた）。
・農林業の低迷による担い手や後継者の不足、耕作放棄地増加の心配。
・有害鳥獣による被害が増加している。
・伝統文化の継承が難しくなりつつある。

やれることからやっちみる

課題解決のため、何をどう進めていくのか……。ほぼ毎週のように住民が集まって話し合いが行なわれ、2009年度末、「地域福祉の推進」「地域環境の整備」「地域の活性化」の三つを大きな柱とする計画書が完成しました。

しかし、動ける体制（組織）がないと、計画書だけでは活動できません。そんなとき、地域で「若い衆」と言われる年齢層のほぼ全員が地元消防団に入団しており、「川津南維新の会」として、坂本龍馬や勤王の志士が脱藩したとされる「維新の道」の保全活動を数年前から進めていました。地域住民には「若い衆が地域のために活動している」「計画書をつくっただけでは意味がない」と考える方も多く、「できることからやっていこう」を意味するこのあたりの方言で「やれることからやっちみる」＝「やっちみる会」が誕生し、２０１０年度から活動が始まりました。会員は住民全員、会費は１戸につき１０００円です。

「限界集落」から「元快衆楽」へ

「限界集落」――この言葉から明るい未来を想像できる人がいるでしょうか。高齢化率50%を超えると限界集落だと言われますが、川津南やっちみる会の活動が始まるのとあわせて、70歳近い地域の方が考案された言葉が「元快衆楽」です。

元……いつまでも元気で長生き
快……快適で住みよい
衆……衆民同士が助け合い
楽……楽しい地域づくり

耳で聞くだけでは分かりませんが、文字にしてみると、こんなにも楽しそうな言葉になります。「限界集落」から「元快衆楽」へ、これが川津南やっちみる会のめざすものです。

活動の内容とその成果

現在、川津南やっちみる会ではさまざまな活動に取り組んでいますが、そのいくつかをご紹介します。

(1) 避難訓練・夏祭り

災害時における自助と要援護者支援や住民同士が支えあう共助を目的として、毎年7月に、大地震の発生を想定した川津南避難訓練を実施しています。高齢者から小さな子どもまで含めた人口約２１０人のうち70%以上が毎年参加する、地域の一大行事にまでなっています。

多くの住民が集まるこの日、訓練だけではなく楽しいこともしよう、ということで避難訓練後に夏祭りが実施されるようになりました。二十数年ぶりに川津南グラウンドで盆踊りと花火大会が復活したのです。若い衆や婦人部による夜店が並び、日が沈み始め提灯がやぐらを照らすころ、住民同士が手を取り合っての盆踊り、最後は小さいながらも目の前で打ち上げられる花火に地域住民が拍手と歓声を送る、これが今では当たり前となりました。

この夏祭り、近隣地区からの参加者もあり、市外へ転出して暮らす地元出身者もこの日にあわせて多く帰省されるなど、地域を超えた交流の場となっています。

(2) 空き家調査と利活用

人口減少とともに増加傾向にある空き家ですが、これを何とか利活用できないか、ということで地域内の空き家調査を行ないました。その中で「貸し出しまたは売却可能」な物件の情報を台帳化し、民間アパートや市営住宅がない川津南において、ＵＩターンや移住者のために活用しようというものです。

しかしながら、想定していたよりも貸し出してもら

避難訓練。リヤカーを使うなど、毎年避難方法を考えている

夏祭り。やぐらを囲んで住民が手を取り盆踊り

夏祭りの夜店への行列。やっちみる会のたこ焼きは人気商品

える空き家の数は少なく、また移住が促進される、そんな都合のよいことは起こりませんでした。そんなときに、川津南にもともと居住していた若夫婦が、結婚と出産を機に、現在の家では手狭になったため地域内で物件を探していると問い合わせがありました。なんと、空き家利用者第1号は、地域内での生活の継続を強く希望する若夫婦となったのです。

(3) 穴神鍾乳洞と石窯ピザ

西予市は「四国西予ジオパーク」として2013年9月に日本ジオパークの一つに認定されました。穴神鍾乳洞はジオポイントの一つでもあります。

以前から穴神鍾乳洞への観光客はありましたが、地域の資源を活用しなければならないということで、川津南やっちみる会では地元ガイドの養成に取り組み、現在3人のガイドが活躍しています。数年前まで年間200人前後であった入場者は、昨年度は1500人を超えるまでになりました。観光客として見た場合にはけっして大きな数字ではないかもしれませんが、人口の約7倍もの人が川津南を訪れるという状況は、地域の住民にとって刺激となり、自らの地域を再発見できる機会となっています。

また、約10年前に北海道から移住された方の、「地域で石窯をつくり、地域の食材を使ってみんなでピザを楽しめないか」との発案で始まったのが石窯によるピザづくり。もちろん石窯は地域で手づくり。しかしピザ職人がいるわけではないので、ピザ生地や焼き方

空き家調査。地域の方から詳しい情報を教えてもらう

中村時広愛媛県知事に穴神鍾乳洞を案内するガイド（手前）

も試行錯誤のくり返し。地域内での小さな楽しみが、今では穴神鍾乳洞見学とピザ焼き体験をセットとする人気企画となっています。

２０１６年に開催された「愛媛いやしの南予博」では、市内外を問わず多くの方が訪れ、愛媛県知事からも星三つかどうかは分かりませんが、「とにかくうまい！」との賛辞をいただきました。

(4) 加工所と「和いわいカフェ」

建て替えにより遊休施設となった消防詰所を活用できないか、そこで浮上したのが加工所としての活用。地元産品を活用できれば、という声は以前からあり、川津南やっちみる会の内部組織として「特産品加工組合」を立ち上げ、話し合いが進められました。うまく活用できる補助金も見つかり、ハード面は順調。加工所で取り扱う内容も、最初から背伸びすることはせず、菓子製造業からスタートを切りました。数年前からやっちみる会で集団作付しているコンニャクを活用しようと、コンニャクのペーストを練り込んだもちもち食感の揚げパンが、現在では人気商品となり、２週間に１回の定期販売に加えて、各種イベントや市内の軽トラ市への出店もされるまでになりました。

消防詰所のうち半分を加工所に改築し、残りのスペースは「和いわいカフェ」として、２０１６年度からオープンとなりました。これは、飲食業としてのカフェではなく、地元の方が誰でも立ち寄って、集いの場となることを目的としたコミュニティカフェで、月２回土曜日にオープンしています。地域内に独居高齢者や高齢者のみ世帯が増加しつつある中、こういった地域内コミュニティがさらに形成されていくことが期待されます。

「和いわいカフェ」で談笑する住民

(5)川津南フットパスへの取り組み

２０１７年度から、地域の景観や自然・史跡を生かし、愛媛県南予初のフットパスを整備しています。川津南地区内では3コースがマップとともに完成し、現在は、隣の高野子地区でも2コースの整備と、春にはマップも完成する予定です。皆様一度歩きに来られてはいかがでしょうか。

世代を超えた住民同士のコミュニティの形成

前述の活動以外にも、市の無形民俗文化財に指定されている「楽念仏」を次世代へ継承する活動や、三柱神社へと続く３２６段の石段の補修など、さまざまな取り組みをしてきました。こういった活動の中でもっとも成果として挙げられるのは、「世代を超えた住民同士のコミュニティの形成」ではないかと考えています。若い衆の力、高齢者の経験や知恵、それぞれ単独では物事はうまく進みません。地域内の世代や職種を超えた関わりが、歯車をうまくかみ合わせ、よりよい効果をもたらしていると考えられます。

また、それぞれの職種や立場、経験や技術を踏まえ、役割が分担されていることが、活動のしやすさにつながっています。そのうえで「多職種連携・協働」することで、現在の活動システムが構築されています。

ここ数年、地域外の方から「川津南は元気だね」とよく言われます。楽しく地域づくりを進めている結果が、まわりから評価されることは嬉しい限りです。また、そのような活動が、Uターン者の増加や若い世代の人口流出の歯止めにも少なからず影響していると考えられます。

一つの具体例として、県都・松山市の大学に通う大学生でありながら、川津南の消防団に入団し、会の活動にも率先して参加してくれていた隣の地区の青年がいます。生まれ育った地区よりも、川津南で生活したいとの思いを強く持った青年は、２０１７年春から消防署に勤務しています。学生から社会人へ、また消防署という勤務形態をふまえた場合、これまでとまったく同じ活動とはいきませんが、それでも自分にできるかたちで、新たな川津南の住民(＝やっちみる会会員)として参画してくれています。

今後の課題

川津南やっちみる会の活動が始まってから、8年目が終わりを迎えようとしています。現状に即した課題解決を図るため、当初計画の見直しを行ない、2017年度から第2期計画にもとづいて活動を進めています。しかしながら、前述の活動を継続していくことについて、いわゆる後継者不足は否めません。穴神鍾乳洞のガイドは全員が、ピザ焼き体験を提供するメンバーは大半が60歳を超え、なかには70歳を超えている方もいます。60歳代は地域内ではまだまだ元気だと言われる立場ですが、5年後、10年後を見すえたとき、後継者の育成や場合によっては活動内容の見直しが必要となる時期が訪れることは間違いありません。また、現在の活動の中心である若い衆（30歳代後半～50歳代）も、これから職場での立場が変わってきたり、家庭環境の変化にともない、この先も同じように活動できるという保証はありません。

つねに時代は変わり、環境も人も変わり続ける、これは川津南も例外ではありません。「これまでずっと続けてきたから」「前回もこのやり方だったから」ではなく、そのとき、その場面にあった活動、手法がより求められるはずです。会長の言葉を借りれば「やめることも、やっちみる」です。けっして無理せず背伸

全員参加による「熟議」の効能

「熟議」は社会教育用語の一つで、みんなで徹底的に意見を出し合うことです。熟議によって地域課題を自分のこととして考えることができ、具体的な解決法を見出すことにつながります。熟議の方法としてはずせないポイントが、以下の五つです。

- 全員が発言できるグループ規模にすること
- 中高生を含む老若男女、世代を超えたグループであること
- 地域課題のテーマを絞り、具体的な提案ができること
- グループワークによる作業など、話し合いの成果が見えるように工夫すること
- 相手の意見を否定しないこと（傾聴の姿勢）

＊「やっちみる会の活動計画書」（2016年変更）所収「高川地区の地域づくりに思う」（高川小学校長（当時）小池源規氏）より

びせず、住民同士が支えあって元気で楽しく生活できる、そんな「元快衆楽」が今後も続いていけるよう熟議（前頁のカコミ参照）を重ね、川津南やっちみる会は活動していきたいと思います。

memo

●地域の人口	209人
●地域の戸数	89戸*
●高齢化率	47.86%
●活動メンバー数	209人（住民全員が会員）
●年間予算	206万円（2016年度）
●財源	会費、事業収入、補助金
●ホームページ	https://kawazu-portal.jp/

*2017年12月31日現在

困りごと⑤ 廃校危機・空き家・耕作放棄地・交通弱者

子育て世代を呼び込む若者住宅建設、放棄空き家活用農家レストラン、高齢者輸送サポートも

豊かな地域になるには行政からお金ではなく仕事を奪う

広島県三次市／**有限会社ブルーリバー・青河自治振興会**

有限会社ブルーリバー 取締役 専務　岩崎 積

地区の宝物＝小学校を守るために 9人で会社を設立

２００４（平成16）年、１市３町４村で合併した三次市は人口６万１０００人、中国山地の真ん中に位置している。

その中の青河《あおが》町は人口５００人弱で三次市の中でも一番小さな地区。公共施設といえるものは青河小学校と公設民営のコミュニティセンター、簡易郵便局だけだ。

青河町は昭和の大合併まで、双三郡酒河村大字青河村で、1年生から3年生まで通う小さな分教場があり、4年生からは酒屋地区の本校に通学していた。

昭和の合併当時の村民は合併先とかけ合い、合併で不要となる他地域の学校の校舎を、６学年の「三次市立酒河小学校青河分校」として移築してくれた。廃校となった学校が多い中で、小さな青河村が子どもたちのために学びの場を守り、分校へ、そして独立小学校（１９６８年）へと歴史を刻んでくれた。

入学したばかりの私は、移築された学校の教室から外を見ると、地域の人びとがクワやテミを持ち寄り奉仕作業で運動場を造ってくれていたのを覚えている。

そんな青河小学校は「青河町で唯一の共有の宝物」だ。

その校舎が建て替えられた1996年、最盛期には130人余りいた児童が50人を割り込んでいた。当時は学校の統廃合はまだ議論されていなかったが、われわれには不安がよぎった。

要望で立派な小学校は建った。しかし子どもの数は減少している。先々の児童数も減少の一途に向かっている。どうなるだろうか？ 当時、公民館運営委員だった4人はそんなことをいろいろと思案していた。良案が浮かばないまま年月は経っていく。2002年春に地域の酒米を使った酒の試飲会が行なわれた。その場で酒の勢いを拝借し、「青河小の児童数が激減している何とかしないといけない。若者を呼び込む住宅でも建てないか？」と声をかけてみると9人の仲間ができた。

今後に向けた話し合いをし、事業をするために法人格のある会社をつくることになった。出資金は責任を持つ意味においても大金ではあるが1人100万円を出すことで一致した。社名は青河をもじって、「有限会社ブルーリバー」。資本金900万円、目的を小学校の存続と地域の価値を高めることとし、2002年6月に法人登記をしてスタートした。

学校を中心とした町おこし事業に共感した9人のメンバーは多種多様な職種の異年齢構成となった。

社長　瀬戸昇三　（公民館長　75歳）
専務　岩崎　積　（建設業経営　51歳）
監査　広瀬勝秀　（釣具店経営　53歳）
監査　山田イツミ（無職　74歳）
　　　中村洋之助（公民館事務長　68歳）
　　　佐々木勝章（マツダ社員　48歳）
　　　佐藤　巧　（JR西日本社員　51歳）
　　　川島忠則　（中国電力社員　43歳）
　　　佐々木忠信（自治振興会職員　2009年没）
　　　河原田正行
　　　　　　（全農職員　2010年から参加　66歳）

メンバーの年齢は30歳近くも離れ、考え方も千差万別だが、共通しているのは地域への熱い思いである。30歳の差はかえってお互いを尊重し、分かち合いにつながる奥深いものが感じられた。この年齢構成は、事業を継承していくうえでもほどよい組み合わせとなる。

メンバーの約束事として、出資したお金は脱退しても返さない（返せない）。また他人に権利の譲渡はしない。給与や配当はない。こうしたことを申し合わせた。

後に出資者の1人が病に倒れ、家庭の事情で継承が困難とのことで彼の出資分は8名に分配し、後日参加した1人を加えて現在の資本金は1000万円となっている。

10年以内に10戸の若者住宅の建設をめざして

つぎに移住者の受け入れ方法だが、青河町は三次市中心部へ10分以内、広島市へも1時間以内という条件下にあり、地域の協力があれば大手業者が住宅地として開発可能な位置ではないか？　建設業を営んでいた私はそう思っていた。しかし青河町の当時の人口は550人ほど。そんな地域に団地ができれば一度に多数の人が入ってくる。コミュニティを運営するには地域住民による適正な町のコントロールが必要だ。疑問点がたくさん出てきた。体制を崩してコントロールできない町をつくってはまちづくりの価値がない。

思案の末、自分たちの地域に見合った誘致方法しかない。時間がかかっても自分たちで行なうことにした。若者住宅を10年以内に10戸は手がけることをめざしてスタートを切った。まずメンバーの所有していた土地を譲り受け、2棟の建設に着手した。ちょうどこのころから、行政は平成の合併を控えて学校の統廃合案を出し始めた。

三次市では小規模な5小学校の統廃合を提示し、学区も自由化して、20人を切ったら統廃合の協議に入ると公表した。青河小もこの5校に入っており、町民は危機感を覚え、「青河を愛する会」を結成し、転校生の獲得に取り組んだが成果はなかった。

各地の例を見ても学校の自由化促進は過疎地域の児童数減少を増長し、学区外の学校へ行った児童やその

若者住宅上棟式でのブルーリバーのメンバー

家庭は、コミュニティ活動への参加も遠のき、悪環境の連鎖要因となっているのが実情であった。

　このような実態の中でもわれわれの計画した若者住宅の建設はすでに始まっていたが、まだ資金調達の課題が残っていた。設立時の手元資金は９００万円。新築・改修含めてかなりの資金投入が必要なことから、公的金融機関（国民金融公庫）へ融資を打診したが、金銭の収益を求めない事業は融資基準に合わず無理だった。当面の資金は地元商工会議所の仲立ちで地場信用金庫からの融資でしのぐしかなかった。

　しかしこの事業には、長期的な資金確保が必要となる。全員が農家であることから連帯債務を負うことを条件にＪＡ三次からの融資をお願いした。資金に目途がつき、２００３年春には賃貸住宅も完成した。

　小学校を守ることが前提の事業であるため、入居者にはつぎの条件を付けた。
・必ず青河小学校へ通学させること。
・小学生か、以下の年齢の子どもがいる家族。
・小学校教育へ理解と協力ができること。
・地域活動へも積極的に参加すること。
・常会へは必ず加入すること。
（ただし子育て世代にふさわしくない古い住宅は例外とする）

　入居者募集や契約は不動産業者に前項の条件を順守した選定を依頼した。

　青河で初めての移住者受け入れが始まり２００３年春には４人の児童が増えた。この集落には子どもがおらず、ひさびさの子どもの声に近所は喜んだ。

　移住者に対して近所の対応は温かく、朝起きると旬の野菜が玄関先に並ぶこともあったと聞いている。また、活動が新聞やテレビで報道されると、空き家とし

7号棟の前で遊ぶ子どもたちを見守るブルーリバーメンバー

て放置されていた住宅の所有者からも「自分は帰る気がないから活用してくれ」といった話もあり、空き家も引き受けることができた。ただこの住宅はあまりに傷みが激しく、9人のメンバーが5月から12月まで休日返上で慣れない手で修繕作業をした。完成と同時に入居者が現われ、たいへんうれしい思いもした。

空き家問題への対応と考え方

その後も新築住宅を6棟建設し、空き家住宅も2戸買い受けた。空き家は場所が選べないが、新築は青河で一番と言える場所を選定して建設した。また設備もオール電化、合併処理浄化槽などを完備した5DK（24坪）。入居者負担は家賃5万3000円と水光熱費のみ。空き家住宅の場合は極力経費を抑え、1万円から3万円の家賃を設定。ただ、空き家はそう簡単に借りたり、買ったりできるものではない。大きな問題が山積しているからだ。われわれが直面した課題と解決に近づけた方法をまとめるとつぎのようになる。

・**使う予定はないが昔からの財産だから手放せない。**
【対応と考え方】資産として考えていただければありがたいことだ。管理をしながら地域との交流も深めていただけば幸いだ。

・**建物内部は倉庫となっているから整理ができない、貸せない、売れない。**
【対応と考え方】何年も眠っている物は不用品。必要な品だけ選べばあとはブルーリバーで処分する。

・**墓参りに帰っても休む場所がなくなるから貸せない、売れない。**
【対応と考え方】各常会にある集会所の活用。コミュニティセンターの活用。新たなまちづくり会社が運営する農家レストラン「こいこい屋」（後述）の活用をお願いしたい。

・**修繕費の負担ができないから貸せない。**
【対応と考え方】一番たいへんな問題だ。修繕には300万円から500万円程度かかる場合が多い。状態にもよるがブルーリバーでは現状のまま預かり、修繕して再貸付する場合もある。

空き家と耕作放棄地対策、農業の好きな子どもの育成

今後増える空き家や耕作放棄地に対する地域の課題

も多い。空き家は持ち主が修繕をしても、ブルーリバーが修繕をしても、300万円程度の修繕費用はかかってしまう。家賃としては青河周辺では3万円の家賃が限界だ。1年間で36万円10年たっても360万円、その間にはつぎの修繕も発生してくる。空き家はこうした大きな課題を抱えている。

今後は固定資産税がたいへんだから安くても手放す所有者が増えることも想定される。そうなると、現在暮らしている人の財産価値も同時に引き下げてしまう恐れが生じる。これを防ぐため、空き家や放棄地を所有している人に安価での売却は控えていただき、かわりにブルーリバーが固定資産税を賃借料として負担し、再貸付や再利用をする方向で検討している。しかし、こうしたことに農地法などの法整備はなされていないのが現実だ。

今後、ますます人口減少は進んでいく。われわれの地域を存続させるために必要なことの一つが、農業の好きな子どもたちを育成することだと思っている。青河町にはこれといった産業はない。どうしても青河町に住まなければいけないという理由が見つからない。職場は市街地にあり、学校も市街地へ集約され、スーパーなどの店舗も市街地へ集まろうとしている。交通体制も市街地は充実している。そんな中でなにもが不便な青河町へ住む必要があるのだろうか？　あるとしたらふるさとへの思い、農業と自然環境の保全しかない。われわれは地域を存続させ守っていくためには、市街地にはない、地域になじんだ産業をおこすか、その手段を用意するしかない。農業の好きな子どもの育成もその一つだと思い、小学校と地域が一緒になり楽しめる農業体験をさせている。

青河小の児童数も少人数だが安定

なにはともあれ2007年4月には当初の目標であった10棟を達成できた。

ブルーリバーの取り組みが継続できている要因は「異年齢の構成」と「利益はお金でなく人」としたことで、メンバーが同じ方向を向くことができたからだと思う。

これまでの成果として3家族（15人）は賃貸住宅へ入居後、青河町内に土地を求めマイホームを建てている。また、市の空き家バンク制度を利用して移住した家族（6人）、若者住宅に入居している14家族（38人）計59人が青河町民として増加した。事業を開始してからのUターン者も増大している。

２００２年には児童数25人の小学校だったが、増減をくり返し２０１７年度は18人、２０２３年度予測も18人と少人数だが安定している。三次市からも活動を評価していただき、今のところ統廃合はしない方針が示されている。

小規模校の教育費は割高となっているが、経営努力や体制整備による経費削減も可能だし、ネットを活用した教育も可能な時代に入っている。過疎地の小学校は子どもたちの学びの場であると同時に、地域が共有する宝物であることも忘れてはいけない。

近年は各市町も人口誘致に乗り出しているが、人の取り合いをする時代はすでに終わっている。いくら取り合いをしても全体的に人口が増えるわけではない。今のうちから小規模でも経営できるまちづくりの仕組みが必要なのだ。

人びとはこれからの時代、自分の生活スタイルに応じて住み分けをし、自分のふるさとも大切にすべき時代となっていくだろうと思う。移住してきた若者へもそうした話をしている。

経営安定のために太陽光発電

若者賃貸住宅の経営は計画通りにはいかない。勤務先の都合では転居も致し方ない。時期によると数ヵ月も空き家となる場合がある。こうしたときに経営を安定させる手段として、ブルーリバーでは２０１３年５月から太陽光発電所を造り売電している。電力会社に勤務しているメンバーがいたので、ある程度の予備知

経営安定のために始めた太陽光発電

識は持つことができた。ＪＡ三次から通常より長期の融資を受けることができ、出力49kwの小さな設備だが、１kwhの買取価格42円で年間１８０万円近い発電をする。売電の半額は借入返済に充て、残りを経営安定資金や空き家修繕の費用にも活用している。

放棄空き家を農家レストラン、どぶろく製造所として活用

空き家は以下のようなメカリズムで発生する。

・仕事などの関係で生活の場所が移動する。
・地域外へ出ても自宅の掃除や周辺の草刈りには帰ってくる。
・地域行事や近所のつきあいは居住していなくても参加する。
・葬儀など講中のつきあいにも帰ってくる。

こうした段階からだんだんと足が遠のき帰らなくなってくる。理由としてはつぎのことが想定できる。

・現在生活している拠点でも同じようなつきあいがあり両方は苦しい。
・最後の地域との絆は葬儀だが講中の勤めができなくなるとだんだんと帰りにくくなってくる。
・住宅も傷みが激しくなり周辺の草刈りもできなくなる。
・世代も変わり、ふるさと感覚は薄れていく。

こうしてできた放棄空き家だが、所有者には無用のお荷物となる。結果は処分してしまいたい、誰かに引き取ってほしい……。２０１１年にこうした空き家の話がブルーリバーに舞い込んだ。

山林状態となった農地の復旧はとても見込めず、住宅への道はなく進入できないほど荒れ果てていた。図面をもとに進入路を確保し、重機を投入して気の遠くなるような作業に着手した。時間が余ったとき、天気がよく気持ちのよいとき、気分が乗ったときなど3年間かけて、全体像が見えるくらいまでの造成ができた。ブルーリバーは、ここに青河の住民や人びとが一堂に会することのできる「ワンストップステーション構想」を持っていた。

一方、２０１４年6月に三次市が「どぶろく特区」の認定を受け、これを青河町としても活用できないかと検討した結果、新たにまちおこし会社を起業することが決まった。２０１５年2月に出資者67人で資本金９９９万円の「合同会社あおが」を設立し、開設場所としては同様の思いでブルーリバーが拓いた上記の用

地が最適とのことで、以後の事業は同社が引き継ぐかたちとした。

「合同会社あおが」は、約8000㎡を借り受け、敷地内の古民家を改修して農家レストラン「こいこい屋」(手打ちそばの店)と、「どぶろく製造所」をつくる計画を立て、古民家には帰郷した人が休める場所も確保するようにした。さらに周辺は昆虫も多く、森林公園や果樹園また造成地を活用したグランドゴルフ場など多岐にわたる整備を計画した。計画に行政(三次市)も巻き込むことで補助金や各種申請もスムーズに進み、2016年7月には農家レストランの許可が、10月にはどぶろく製造の許可がおりて事業を開始した。

まちづくり事業の一環としてつくるどぶろくは、青河にはホタルが多いことから米粒をホタルに見立て「しろいホタル」と命名した。どぶろく製造は技術が進んだ現在ではデータ管理で一定の品質保持が可能で多くの人が従事して起爆剤となることを期待している。手打ちそばの人気もよく遠方からも多くの人が来店しているが、後継者確保は課題として残っている。

放棄空き家を活用した「こいこい屋」竣工式

自治振興会とまちづくりビジョン

こうしたコミュニティ経営活動の前身と言える生涯学習を推進してきたのが青河公民館だ。旧三次市時代の1972(昭和47)年に設置され、市が職員1人を配置し、館長は地域推薦で教育委員会が任命雇用する仕組みでスタートした。2000年からは職員も地域雇用となった。

2004(平成16)年の合併後も1年間は公民館が残り、翌年から教育委員会内部に統合し、地域の公民館機能は合併時に発足した19の住民自治組織が担う仕組みができた。

各自治組織には三次市から交付金（基本額約700万円）が支給され、職員の雇用や運営はすべて自治組織が裁量権を持った。

同時に自治組織は自らまちづくりビジョンをつくることが求められ、青河町の自治組織「青河自治振興会」でも役員を中心に各種団体長や識者に呼びかけ、住民自らが青河町の将来を描いた「青河まちづくりビジョン策定委員会」（19人）を立ち上げ、さまざまな方向から「農業を中心としたまちづくり」を掲げたビジョンを策定した。

農家が楽しく集え、交流できる場所をめざして開催したのが朝市「よりんさい屋」だ。運営は他の朝市と少し変わっている。出資者は全員無報酬で店番をしなくてはいけない。出荷者は青河町内の人なら誰でもよく、手数料1割で出荷できる。

「よりんさい屋」の2013年の売上は175万円、2014年は245万円、2015年は300万円、2016年は250万円と順調な伸びを示している。

毎週水曜と土曜日の2日間、朝7時半から10時まで農家が余剰野菜や加工品を持ち寄って開店、高齢者や女性の集会所的な場ともなっている。出資者への現金の還元や配当はないが、溜まっていく手数料の中から皆で毎年「おおごっそう」（※ごちそう）を食べるのを楽しみにしている。

自治振興会で輸送サポート事業

地域にはさまざまな課題がわいてくる。用意された行政サービスに妥協するか、自ら欲するものを手にするか、どちらを選ぶかだ。

青河町は三次市の中でも交通弱者が発生しやすい地域だ。三次市では交通支援として市民タクシーやデマンドタクシー、町内巡回バスなどの支援体制がとられているが、青河の住民に即した交通体系は組まれていないのが現状だ。さまざまな方法を検討したが、行きたいときに行きたい所へ行くにはどうしたらいいか？

しかし門を閉じているのは、運送事業法という法律である。たとえ無償でも人のために運送をすれば法律違反ということだ。

2年余りの歳月はかかったが、住民が求めていたかたちができてきた。人の移動だけでなく、さまざまな事業を組み合わせる。住民全員で車両を所有し、車両にかかる維持費用は、利用する人もしない人も全員で平等に負担する。これでどうにか交通問題が解決できることが分かった。しかしここからが大きな問題だ。自治振興会で決定しても住民の理解と協力がないとできない事業だ。

青河内の八つに分かれている常会で協議してもすべての常会の賛同はたやすくない。難色を示す人には何度も事業説明をし、理解と協力を得たうえで2011年に輸送サポート事業開始に結びつけた。法の解釈が間違っていると大変なことになるため、新聞社に陸運局への取材を依頼し、最終確認とした。現在は全戸から年間4500円の暮らしサポート会費を徴収し、すべてをまかなっている。この事業は地域に価値観を与え、老いても安心して暮らせる地域とする、青河ビジョンに掲げた弱者への人的支援をめざした事業だ。

私はこうした地域活動の中で、20年後、30年後の地域がどうあるべきか、そのために、今何をなすべきか？　真剣に考え取り組まなくてはいけない時期であると思う。

豊かな地域になるには、行政からお金の支援でなく、行政から仕事を奪うことではないだろうか？　大局的なことは国が担ってくれるであろうが、それぞれの地域が欲することは自らの知恵と行動力で補う時代が来ている。

青河自治振興会の「輸送サポート」

ブルーリバーメンバーの懇親会

困りごと⑥ 廃校・不法投棄・路線バス廃止

環境保全と防災無線、コミュニティバスで地域を守る

資金は林道の草刈りで捻出

富山県氷見市／八代環境パトロール隊

八代環境パトロール隊 隊長　森杉國作

災害と学校統廃合

私たちが住む八代地域は、富山県の西部、氷見市の中山間地にあります。石川県の中能登町に隣接し、昔から知人友人の往来が盛んであり、今も多くの交流が継続されています。氷見市の人口は２０１７（平成29）年１月１日現在４万９１０５人で、八代地区は人口５０９人、世帯数２３８戸のまことに小さな地域で、７集落があります。65歳以上の高齢化率は約50％を超え、きびしい地域運営を求められています。

地域の産業は、氷見牛の育成と、自然薯の生産、低

八代環境パトロール隊。後列左端が筆者

タンパク米の生産などであり、水稲栽培は苦労もありますが、稲架かけ米の普及に尽力されている方もいます。林業は私有林が大半で、以前は管理され良材の林が多くありましたが、地元材の普及が困難な時代となり、山は荒廃しています。

1961（昭和36）年と1964年には地域を揺るがす大地すべりが発生し、なかでも1964年の胡桃地区の災害は日本の歴史にも残るもので、89戸あった集落がわずか5戸ほどを残して他の家屋は崩壊し、壊滅状態となりました。多くの住民は地域を追われ、町に住む人、石川県に住所を変更し、再出発する人など、村は数人の高齢者を残すだけとなりました。しかしながら、日中であったこと、警報装置が備えられていたことで住民の人命に被害が生じなかったのが救いでした。

この災害以後、地域の人口減少が始まりました。時が過ぎ、小学校・中学校の統合問題が地域に提起され、住民に苦渋の選択を強いられることとなりました。自治会長であった私には、身を削る大問題で、地域の存続に直接影響することであり、慎重に対応を図りましたが、それでも苦言あり、苦情ありで、きびしいものでした。私は地域をまとめる「重圧とエネルギー」は計り知れないものであることを悟りました。人を妬むことのできない歯がゆさに、最後は自分一人で重責を覚悟のうえ、統合の決断をさせていただきました。問題はいろいろ山積していましたが、嬉しかったのは住民の温かい励ましと、子どもを持つ親の理解が私を強く勇気づけてくれたことです。

2000（平成12）年に学校統合があり、小学校、中学校、保育園がなくなりました。地域から学校がなくなると、住民の心の中で将来に対する危機感が高まり、不安を口にする人びとが増え、私は住民の不安解消にいっそう努力していく覚悟を心に誓いました。

環境保全と地域を守る環境パトロール隊の結成

いずれの地域でも、過疎が進むとまず問題となるのが、空き家と不法投棄物の散乱する光景です。見苦しい山村の変化に、知らぬ間に環境破壊が進み、住む人びとの心に空しさが漂い、生きる活力も失われてしまいます。どのように過疎が進行する状況でも、そこに暮らし続けなければならない多くの人びとがいます。空き家はその人びとに無言でわびしさを与えます。環境悪化に便乗し、心ない者が捨てる不法投棄物の多さには憤りを感じずにはいられません。

そこで２００１年度に、不法投棄物で汚れいく地域環境の悪化を防ぎ、犯罪の増加による高齢者の不安解消を急ぐために、そして災害現場の早期発見、即刻対応に力点を置き、村民の安全安心を確保するために八代環境パトロール隊を結成しました。

当初は全集落から28名の隊員を募って始めましたが、勤めの関係で無理が生じ、途中から16人の体制で今日まで普及啓発活動を継続してきました。毎月第２日曜日と第４日曜日の８時に集合し、朝のミーティングを行ない、前回の活動経過説明と当日の活動内容を周知し、２人１組の体制で車に乗り、地域内の全集落、全道路（市道・農道・林道・県道）の見守りに出発し、不法投棄物の回収と災害現場の発見に努め、犯罪の未然防止のために他県ナンバーにはことさら注意し、地域住民の身の保全に努めています。高齢者が暮らす家庭には隊員が訪問し、声かけをして心配ごとなどを問

不法投棄物の回収後、分別し、投棄者の名前が入った物がないか確認

ガスボンベ12本が不法投棄

アイスクリームの陳列ケースまで投棄。道路から相当落下していて苦労した

い、安心して暮らしていただけるよう配慮しています。寄付活動を継続していくには活動資金が必要です。寄付を募ることも考えられますが、自立する力も持たなければなりません。そこで地域内の林道である氷北線（約12km）の草刈り、支障木伐採などの管理活動を行政から受託させていただき、年間資金を捻出するようにしました。しかしながら炎天下7月の作業は大変な重労働であり、隊員の「地域を思う強い信念」が結集され、一人一人の自覚と尊い気持ちが、私には痛いほどに伝わり、目頭の熱くなる思いであります。

さぞかし文句の一つも言いたいだろうに、誰一人として何も言わずひたすらに黙々と作業をするその姿に感謝せずにはいられません。隊員が誇るその精神は「地域力」の結集です。

パトロール隊の活動本部には「ボランティアの精神」の3ヵ条があり、活動本部に掲示しています。

一、自分の自由意思で行動する。
二、損得で物事を考えない。
三、人の痛みを自分のものとして考える。

地域を守る16人の隊員が培った長年の苦労は計り知れない貴重な財産であり、今では一人一人がリーダーの自覚を持ち、パトロール隊は地域を引っ張るリーダーの養成所のような存在です。

林道氷北線12kmの草刈り奉仕

交流事業参加者と林道脇の雑木を伐採除去

22台の無線機で災害に直ちに対応

パトロール隊の自慢はたくさんあ

りますが、なかでも無線機の活用です。地域の一部には携帯電話の不感地帯があり、活動に不便を感じることが多々ありました。無線機の活用ができないかと話し合う中、セブンイレブン基金に実情を報告すると、携帯無線機5台を提供していただきました。現在の総台数は22台あり、隊員に16台、地域バス（後述）に3台、孤立する地域に1台、消防本部に1台、パトロール隊本部に1台配備し、万全を期して住民を支えています。隊員は365日自分の活動車に携帯し、いかなる災害が発生しても直ちに対応できる態勢を構築しています。また、地域内に40ヵ所の無線連絡所の看板を設置し、その場所に到着すると本部に無線交信をする態勢を取っています。今まで活動中に10ヵ所以上の災害現場を発見し、行政に報告して重大な災害を未然に防ぐことができました。

環境パトロール隊本部兼自主防災センター前で無線交信する隊員

　氷見市消防本部には24時間連絡できる態勢ができていて、これも自慢の一つです。自主防災の訓練でもパトロール隊が主体となり、地域を3地区に分けて住民が参加しやすいように配慮し、その進行状況を逐次無線機で本部に連絡し、本部で集計したものを市の対策本部に報告しています。交信も集計もすべて隊員が指導しています。

　原子力防災訓練も無線機を活用し、3会場の個々の公民館に一度集まり、地域バスで安全なところまで輸送することとしています。また、地区内の元中学校のグラウンドを活用し、隊員でドクターヘリの離着陸場（ランデブーポイント）を建設し、住民の尊い生命を守るために日夜万全な態勢を確立しています。そうしたパトロール隊の活動に対し、市内の一企業から年間を通して四季折々の活動服を提供していただき、隊員一同心から感謝しています。

悲願・コミュニティバスで村おこし

学校統合問題の終結と同時に、民間で運営していた路線バスも人口減少と乗車率の悪化で撤退することとなりました。地域からの要望で行政にスクールバスの空き時間を活用した地域バスの運営方法を提案し、生徒の通学と帰宅の時間は学校優先とし、１日５便の地域バスの運行が始まりました。

26人乗り地域バス

しかし地域バスは5年間は無事運営が継続されましたが、バスの老朽化で小型化（7人乗り）を余儀なくされました。生徒と村民の共有化は困難であり、途方にくれていましたが、パトロール隊の仲間と調査・研究を重ねてみると、ＮＰＯ法人を設立し、県が申請を受理すれば地域コミュニティバスの運営が可能だということが判明し、パトロール隊での運営を最終決断しました。

心配もずいぶんありましたが、地域住民（ことに高齢者）の足を守るために努力しようとの仲間の力強い言葉に私も迷いなく決断させていただきました。全国に前例のない運営方法であり、しかも自分たちの思いを乗せたバスが地域内を走ることを想像したとき、不安よりも勇気と大きな夢と希望がふくらみ、村民の喜ぶ姿が目に浮かんできたことを今も思い出します。

ＮＰＯ法人八代地域活性化協議会によるコミュニティバスの運営は今年で13年目となりますが、おかげさまで安定した運営をさせていただいています。このバスの特徴は「運賃制」ではなく「年会費制」で、利用者の住むエリアに応じて２万円、１万５０００円、５０００円の３段階の年会費とＮＰＯ会費５０００円を納付することで、無料で毎日バスを利用することができます。

安定経営の「動く談話室」

私たちのバスの自慢は乗車率の高いことです。仲間の熱い友情と、私たちの想像をはるかに超えた多くの住民のご利用に心から感謝しなければなりません。車中は笑いが絶えないにぎやかさで、まさに「動く談話室」。高齢者の心の健康さにただただ嬉しく感じ、こんなに喜んでいただけることに、走らせてよかったと、感謝と感動の思いで胸が熱くなります。バスは現在3台あり、八代地区と氷見駅を結ぶ往復51㎞、停留所29ヵ所を月曜日から金曜日までは26人乗りを使用して1日5便、土曜日、日曜日は15人乗りを使って1日3便運航しています。あと1台は6年前から地域外の住民から要望があり、平日3便、土曜、日曜2便を心意気で走らせています。おかげさまで地域内の路線も地域外の路線も運営開始以来すべての年度を黒字経営で、しっかりと安定経営で行なっています。また住民の方から、私どもの日頃の活動とバスの運行に感謝したいと、毎年ご寄付をくださる方がいて、「人の温もりなくして美しい環境も、心の輪も生まれない」と、本当にありがたく感謝しております。

こうした活動に、全国四十数ヵ所の地域から視察が相次ぎ、対応に追われる状況です。2016年は岐阜県恵那市、新潟長岡市、長野県松本市からもあり、岐阜県恵那市には講演に2度もお招きいただきました。

地域住民へは感謝の意味で、老人会、福祉、消防団の各団体に無償でバスを提供し、住民の意識向上につとめ喜ばれています。パトロール隊が地域バスを運営するようになってから、住民の思いが大きく変化し、ずいぶん活性化が図られたように思います。今まではあまり家から出ない状況と、話の内容に心なしか不安を感じていましたが、買物、通院など、安心して笑顔で話し合う姿にすがすがしさを感じます。

帰農塾、農林業体験交流活動も

他に私たちの活動としては、2005年から都会の人を地域に呼び込む活動として「帰農塾」を行なっています。これは県の事業ですが、定年退職の時期を迎えた人に来ていただき、前期・後期の2回に分けて2泊3日（金・土・日曜日）の地域交流体験を行なってきました。

これまで私たちは、以上のような地域活動を自分たちなりに頑張ってきました。成果を示すにはまだまだ及ばないところばかりですが、地域の活性化が進んでいることはたしかです。氷見牛、自然薯は90％以上がブランド品となり、生産農家は日々励んでいます。地域バスの運営は、氷見市内はもとより全国をリードする内容となってきました。全国から地域に来ていただく帰農塾は、農業や林業体験を通して少しでも地域とふれ合う事業で、もう13年間も続けてきました。地域に来て養蜂を始めた塾生の方はもう10年近く頑張っています。帰農塾塾生にＮＩＣＥ北陸国際ワークキャンプセンターの若いメンバーも加わっての農業体験では、稲架かけ米体験や自然薯体験を今後も続けたいと言う方たちもいて、今後も要望に添って続けていきたいと思っています。

今、全国の各地域で将来を案じ、あらゆる手法で個人や各団体が、暗中模索の中、地域づくりに奮闘しています。しかし、前途が明白でないところに不安もあります。生涯安心して暮らせる地域づくり、まちづくりが富山県でも検討され、「人が輝く・元気とやま」の総合計画に県民上げて取り組んでいます。

私たち環境パトロール隊もその創案に添って、少しでも工夫をこらしながら邁進したいと考えています。

隊員の奉仕活動でバス停の椅子を作製

帰農塾塾生、NICE北陸国際ワークキャンプセンターのメンバーと稲刈り体験

困りごと⑦ 保育園の存続・高齢化

住民が自ら社会福祉法人を設立

保育園の存続もデイサービスの運営も

長野県飯田市千代地区／**社会福祉法人「千代しゃくなげの会」**

飯田市市長公室秘書課長　串原一保

地域の住民が自ら社会福祉法人を設立して保育園を運営し、さらに地域福祉を充実させる活動に発展させている全国的にもめずらしい取り組みを紹介します。それは、長野県飯田市街地から約15km、天竜川を渡った先の中山間地域にあり、世帯数約600戸、人口約1800人の千代地区の活動で、高齢化率は40%を超え、人口減少も進んでいます。

保育園児数が減少し、存続が困難に

千代地区には、公立の千代保育園と千栄保育園がありましたが、千栄保育園の園児数が2年連続して10人

千代保育園千栄分園

未満となったことで、千栄保育園を公立のまま存続させることは困難という課題が生じました。

2004(平成16)年1月、飯田市が千代地区に対し「千栄保育園の閉園、あるいは民営化による両園の存続」という選択肢を提示したことから、市と地区による議論や検討が始まりました(「千代地区の皆様へ千代保育園の民営化と千栄保育園の分園化について」参照)。

保護者らの受け止め

保護者らは非常にとまどいました。市による保護者への説明会は、正式なものだけでも5回にわたり、半年ほどかけて開催されましたが、ほとんどの家庭から父親・母親の両方が出席するなどきわめて高い関心(危機感)がありました。

そこでは「園児数が減ってきたことは事実だが、中山間地で不便な千代地区で私たちは必死で暮らし、子育てしているのに、なぜ?」「市の財政が苦しいことはわかるが、福祉や教育から切らないで」「採算がとれないからこそ、行政は公的役割を果たしてほしい」「なぜ中山間である千代地区から民営化を始めるのか。民営化するのなら〝まち場〟から始めるのが筋であり、到底納得できない」など、次々と憤りや不安の意見が出されました。

しかし、市との意見交換をくり返す中で、保護者側にも「このまま公立で続けてもらっても、長時間保育や未満児保育までは現実的に無理。将来的にはジリ貧になる」「民営化することでサービス拡大できるのなら、納得はできないものの、少し調べてから考えてもいいのでは」という考え方も出てきました。保護者らは大きな不安を抱えながらも、自治会等とともに勉強・検討することになりました。

この間、自治会サイドも保護者との意見交換会や、市も交えた保護者との勉強会、市による地区内勉強会等を行ないつつ、「地区全体の課題として勉強・検討する必要がある」という考え方を持っていました。

千代地区保育園問題特別委員会を中心とした検討

市も、保護者を含む区民の了解が得られないまま民営化する考えはなく、自治会や保護者との会合を重ねて最良の方法を見出していくという方針でした。

そこで、地区内の各種団体から選出した17人により「保育園問題特別委員会」を組織し、市からの情報提供等を得ながら、1年くらい時間をかけて検討していくことになりました。

保育園問題特別委員会を中心とした千代地区の取り組み

5月20日　定例自治会で、特別委員会設置を決定する

5月26日　第1回特別委員会

・情報共有のあり方、いかに地域の問題とするか

5月30日　保護者会主催による市、自治会役員との交流及び懇談会

6月18日　特別委員会視察

・市内の私立保育園（さくら保育園久米分園・伊賀良保育園・あすなろ保育園）

6月20日　定例自治会

・民営化するとしたら地域で社会福祉法人を立ち上げた方がいい

・千代と千栄が分裂しないこと

・全区民の問題として取り組むこと

6月30日　市への質問事項に対する説明会（保護者会が提出した質問事項に対する市からの回答）

・保育単価の特別措置を入れるので採算は十分とれること、法人を立ち上げれば独自なサービスが可能なこと等、27項目に及ぶ回答説明がある

7月16日　第2回特別委員会

・市から社会福祉法人について

・法人設立にかかわる理事について

・保護者会意向調査結果について（保護者会の意向を確認する）

8月19日　定例自治会

・地区内の各区からは民営化に反対の意見はあまり聞かれない

・法人に対する理解度が低い

・資金調達方法の検討

9月2日　保護者会三役名で「第2回保育園の将来を考える会役員会から」を全戸配布

・誰がどういう理念で運営するのか、二つの保育園で経営可能か、基本財産調達の方法は等、不安や疑問は残るが、保護者の立場で前向きに取り組んでいきたい

9月16日　第3回特別委員会
・保育の理念と方針の検討
・基本資金（1000万円）の調達方法案（各戸1万円からの協力金等から）の検討
・理事の選出案(自治会をはじめ各種団体から)
・嘆願書について（千栄関係4区長から自治会長宛に「千栄小学校がある限り千栄保育園の存続を」が604名の署名により提出されたこと)
9月17日　定例自治会
・大勢は「千代保育園を民営化し、千栄保育園を分園として存続」である
・地域で法人を設立することは課題も多い
・保護者の不安解消のためにも保育士の派遣等を市へ要望する必要がある
10月　自治会が「千代地区の保育園の在り方について」を全戸配布
・民営化とは、社会福祉法人とは、基本財産の調達方法等、現在に至る研究内容をまとめたうえで、「ぼつぼつ決断の時である。11月定例自治会で一定の方向を出したい」
11月5日　千代地区保育園問題検討会（第1回)
・市からの説明
・保護者等からの報告質疑
・自治会から市へ要望書を提出することも含め、一体となって進めることを確認
11月17日　自治会で「千代地区保育民営化にあたっての要望書」を市長に提出
・法人設立への財政支援
・市保育士の派遣
・大規模改修に関する支援等5項目
11月17日　千代地区保育園問題検討会（第2回)
・保護者会への回答について
・11月定例自治会で法人設置の可否を決定する

以上を経て、最終的に「千代地区の子どもは千代地区のみんなで育てよう」と、地区民が力を合わせて民営化して2園を維持するとの結論に至ります。

飯田市は、その意志を尊重し民営化により保育園を存続する道を選びました。

地域立の社会福祉法人「千代しゃくなげの会」の設立

これを受け千代地区では、2004年12月に「社会

福祉法人設立準備委員会」を発足させ、理事候補者選出後の２００５年３月にはその理事候補者らによる「社会福祉法人設立準備理事会」が発足し、さらに具体的な検討・準備を進めました。これに並行して、地区では社会福祉法人の設立に必要な基本財産１０００万円を自ら調達しました。

市内には既に保育園経営をしている社会福祉法人がいくつもあり、その法人に対して市は、非公式に打診するなどしましたが、いずれも〝まち場〟の園ならぜひ取り組みたいが、中山間地まで広げるのはちょっと……」という感触であり、市は千代地区に、基本財産を集めるには、「たとえば」の方法として、「６人以上置くことになる理事を中心に各１００万円、プラス理事長になる人からは多めに４００万～５００万円」負担してもらう方法が考えられると伝えていました。しかし、千代自治会では「地区全体で取り組むことだから、限られた者だけに任せる形にはしないで、全員で負担し合おう」と決めたのです。市は「年金生活の高齢者世帯も多いので……」と心配しましたが、わが地区の将来のための事業として、さらなる合意形成を図りながら、地区内の全戸（約６００戸）から各１万円を集め、不足する分は地区出身者等からの篤志寄付で、約１３００万円を確保することができました。１万円を１回で支払えない高齢者世帯などは、いったん自治会会計が１万円を立て替え払いし、毎月５００円・20回集金することで負担感を軽減するという方法もとられました。

こうして、２００５年10月に「社会福祉法人千代しゃくなげの会」を設立します。市から「千栄保育園の閉園、あるいは民営化による両園の存続」という選択肢が提示された２００４年１月から、１年10ヵ月後のことです。

民営化による保育サービスの拡充

民営化したことにより、人件費や食材費などの運営経費は、他の私立保育園と同様に、保育単価にもとづいて市から毎月支払われます。施設は市からの無償貸与で、大規模な改修は市が行なうこととされました。この状況だけを見れば、園の経営が市から移管されただけということになりますが、民営化により、いくつかのよい変化がもたらされています。

具体的には、公立では限界のあった０歳児からの未満児保育や19時までの長時間保育の開始、親子の集い

表1　園児数の推移（単位：人）

	2005	2006	2007	2008	2009	2010	2011	2012	2013
千代保育園（3歳以上）	36	31	31	25	22	23	24	28	28
千代保育園（3歳未満）			3	3	6	8	12	14	17
千栄分園	6	11	12	16	14	12	9	11	12
総合計[注]	42	42	46	44	42	43	45	53	57

注：2012年度、2013年度の2年連続50人を超えたため、2014年度は定員を45人から60人に変更

の広場の運営、長期休暇中の学童保育の実施など、地区の子育て支援を充実させたことで、地区外の保育園に通わせていた園児が地区内に戻るなど成果をあげてきています。

「日本の棚田百選」にも選ばれている
「よこね田んぼ」で田植え

デイサービスセンターの運営も始める

さらに、地域の子は地域が育てるという実践を通して地区の自信がついたことにより、法人設立当初に計画したとおり、高齢者施設の経営へと事業を拡大することができました。じつは、保育園経営を始めるにあたり、あえて地域が社会福祉法人の設立を選択したのは、この地域が抱えるもう一つの課題である高齢化への対応を視野に入れたものでした。

千代しゃくなげの会が指定管理者となり、新たにこの地域にデイサービスセンターが開設されたことで、地区内の高齢者は身近な施設に通所できることになり、移動時間の短縮や顔見知りとともに過ごすことができることなど、本人の負担が軽減されました。さらに介護サービスを受けやすくなったことで、家族の負担も軽減されています。

地域の課題に地域自らが主体的に取り組む力

地方分権あるいは規制緩和の視点でみれば、社会福

祉法人の設立に必要とされた基本財産1000万円の緩和などハードルを下げるという方法もありますが、この事例においてはそのこと以上に、地域の住民自らが自立し、協力して地域課題の解決に向けて頑張る覚悟ができたことが重要と考えます。

　千代地区は、その財産ともいえる自然の豊かさや人の温かさを活かして、飯田市で取り組まれている体験教育旅行の受け入れの中核的な役割を果たすなど「地域の課題に地域自らが主体的に取り組む力」を潜在的に持っていました。こうした自立への力は、一方で地方分権の受け皿としての基礎自治体の力の源泉であり、大切な要素と考えます。

　千代しゃくなげの会の事例は、まさに地域力の再認識にあたります。基礎自治体におけるさまざまなサービスについては、ともすると住民は受け手の存在であり、人口減少、地方の民間企業の体力低下などの状況に直面する中小規模の自治体にとっては、今後、縮小均衡を余儀なくされる状況です。そうしたなか、住民や企業も含む地域力を掘り起こし、力を集めて対応することが鍵となると考えます。

　もちろん地方分権の流れの一方で、国には国の役割もあり、地域が活性化するような環境整備はこれからも考えていただきたいと思いますが、今後はむしろ、地域としても力を発揮し、それをアレンジしながら実行していくことがより大切になります。

デイサービスセンター「しゃくなげの郷」

しゃくなげの郷の春祭り

memo

●地域の人口	1812人
●地域の戸数	607戸*
●高齢化率	40.6%

＊2014年4月末現在

困りごと⑧ 農業の低迷・子どもの減少

地域限定・双方向交流の山村留学で実現した米の安定販売

自信あります東沢　食と自然とあたたかさ

山形県川西町／東沢地区協働のまちづくり推進会議

株式会社東沢米翔 代表取締役　佐々木賢一

地域の概況

山形県東置賜郡川西町東沢地区（旧玉庭村）は、山形県南部に位置し、なだらかな丘陵に囲まれた、戸数184戸、人口約585人が住む中山間地域です。面積は22・55㎢、うち農地は14・5％で田は3・04㎢となっています。

山村留学からのスタート

地域づくりのきっかけとなったのは、1991（平

26年続いたやんちゃ留学＝山村留学受け入れ式

成3）年にスタートした「やんちゃ留学」と名付けた山村留学です。

1993年に自治省（当時）の「コミュニティ活動活性化推進事業」の指定（3ヵ年）を受け、やんちゃ留学同窓会の開催、炭焼き釜の建設、地域案内板の設置、町田市ひなた村祭りへの東沢小学校全校生参加等の事業を実施しました。この事業を通し、「地域の歴史伝統文化を守り、都市と農村の交流によって地域活性化を図る」という、地域づくりのコンセプトが確立されました。

1995年に「東沢みらい21委員会」を立ち上げ、「21世紀の地域を考え、真っ白なキャンバスに夢を描こう」というスローガンのもと、1年間の議論を経て、10ヵ年の目標を掲げた「東沢地域整備計画」を策定し、1996年に各種団体からなる「東沢地域づくり推進協議会」を設立しました。

この地域整備計画は、地域の課題を「農業の低迷」と「人口の減少」と捉え、10年後の2006年度を目標年次とし、地域づくりの柱として次の7項目を掲げています。
①豊かな美しい自然を守り育てる地域づくり
②一人ひとりが大切にされ、共に助け合う地域づくり
③生活の利便性が高い地域づくり
④人口の移入と交流を図る地域づくり
⑤自然を生かした農業による地域づくり
⑥高度な情報文化を享受できる地域づくり
⑦伝統文化を大切にする地域づくり
それぞれの項目ごとに具体的なソフト事業、ハード事業の実施計画が記載されています。

さらに、地域整備計画が机上論で終わることのないよう、推進母体である「東沢地域づくり推進協議会」を設立し、集落単位の座談会の開催、広報活動の充実、事務局体制の整備などを掲げています。

この地域整備計画にもとづき、地域づくり事業を着実に進めてきましたが、当時はこのような地域づくりに取り組んでいる例はほとんどなく、まったくのオリジナルでした。

不特定対象ではなく、町田市限定の山村留学

1987（昭和62）年に生まれた地域の子どもが2人だったことは、それまで毎年10人前後出生していただけに、地域にとって衝撃的な出来事でした。少子化

傾向が顕著になったことに、座して何もしないでいるわけにはいかないということになり、当時全国に広がっていた山村留学に着目しました。１９８８年に検討委員会、１９８９年に準備委員会を立ち上げ、１９９１年に地域全戸加入の山村留学協力会を設立しました。

(1) 短期留学と長期留学

やんちゃ留学には、夏休み期間中に４泊５日で実施される短期留学と、原則1年間（1学期以上）の長期留学があります。これまでの26年間に、短期留学生７３８人、長期留学生45人を受け入れ、都市と農村の交流を継続してきました。いずれも農家に寄宿するホームステイで行なっています。

(2) やんちゃ留学の特徴

やんちゃ留学には、募集地域の限定をはじめとしていくつかの特徴があります。私たちはこれを「東沢方式」と呼んでいます。

一つ目は、ダリアの花の縁で交流のあった東京都町田市の小学生を対象とした地域限定の募集とし、双方向の交流を目指したことです。

短期・長期の留学のみならず交流を深めるため、２年に1回同窓会を開催し、町田市の留学生家族を東沢地区の収穫感謝祭に招いています。山形名物の芋煮会、新米の餅つき、秋の農産物の即売も行なわれ、２０１７年11月に第11回目の同窓会を開催しました。

また、「ふるさと文化交流」と題して、東沢小学校全校生が町田市を訪問し、ひなた村祭りへの参加（１９９５年）、町田市国際版画美術館での版画展（２０００年）を行ないました。

さらに、留学生の受け入れ先である里親会が町田市を訪問し交流を深めています。２００８年10月にシンポジウムを開催し、２０１１年6月にはやんちゃ留学20周年記念事業を町田市で実施しました。

二つ目は、夏休みの短期留学経験者のみが、翌年の長期留学に応募できることです。

短期留学のスケジュールは、受け入れ式、小学校１日体験入学、炭焼き体験、米沢牛バーベキュー、交流センター宿泊体験、語り部による民話、星空観察、ハッチョウトンボの自然学習園観察、イネつくりの講話、魚釣り、キュウリ、ナス、ジャガイモ等農産物の収穫体験など、農村でなければ体験できないような内容にしています。

長期留学は、地元の東沢小学校に通学し、地域行事に参加するなど、地域の子どもと一緒に活動します。祖父母も含めた大家族の温かさを体験してもらうことも、大きな意義だと思っています。

三つ目は、里親方式によるホームステイとし、長期留学は最長1年間としました。留学生の保護者とは万が一（事故、けが、病気など）の場合でも責任は問わないという「契約書」を取り交わしていることです。また里親は手挙げ方式としています。これは留学生に万が一のことがあった場合、責任の所在を明らかにするためです。

(3) 山村留学から生まれた農産物の販売

2005年、長年の交流をベースに、町田市に留学生保護者を会員とする「まちだ夢里の会」が発足しました。東沢に恩返しをしたいとの申し出があり、当時は年々米の価格が下がっていたことから、地域のためには米を少し高く購入していただくことが一番だという話をしました。夢里の会のメンバーに店舗開発コンサルタントの方がおられ、取引先であるおにぎり専門店「おむすび権米衛」を紹介いただき、とんとん拍子に商談が進んだことから、株式会社東沢米翔《ひがしざわこめしょう》

毎年取引先を訪問する生産者グループ＝
おむすび権米衛北千住店

「当店は、山形県川西町の東沢米翔の
お米を使用しています」の表示

を設立し、米の直接販売に取り組むこととしました。2007年から東沢産特別栽培米の取引が始まり、まちだ夢里の会への直販も実現しました。

現在首都圏に展開する43店舗、（海外3店舗）中、5店舗（霞が関店、汐留店、北千住店、町田店、立川店）に特別栽培米「つや姫」が年間を通して納入されています。各店舗には山形県川西町産の米を使用しているというイーゼル、ポスターが展示されており、また山形県アンテナショップ「おいしい山形プラザ」のリーフレットに、パートナーショップとして「おむすび権米衛」が紹介されています。

協働のまちづくり推進会議の設立

川西町は、2004年にまちづくり基本条例を定め、まちづくりの基本理念を「協働」とし、各地域に地区経営母体をおくこととしました。

東沢地区では2005年に他地域に先駆け、「東沢地域づくり推進協議会」を改組し、地域づくりの推進機関である「東沢地区協働のまちづくり推進会議」を設立しました。1996年策定の前期計画（東沢地域整備計画）を3つの部会（産業所得部会、人・地域づくり部会、生活安全部会）で検証評価したうえで、「農業の振興と所得の拡大」「安心、安全な暮らし」「人づくりと交流」の3つの柱を掲げた5ヵ年の「東沢地区計画」を策定し、活動を行なってきました。

同時に東沢地区の農業の振興、生産、販売企画を総合プロデュースするシンクタンク「東沢夢里創造研究所」を設立し、推進会議と緊密な連携をとりながら活動を行なっています。とくに農業の振興と所得の拡大は、ここに住み続け、地域づくりの主体となる人材育成のためにも重要であり、農業を生業としてきちんと所得をあげられる後継者を育てていくことを、地域づくりの大きな目標としています。

この活動から転作の受託組織である「農事組合法人夢里」、米の直接販売を担う「株式会社東沢米翔」、地域の伝統食材である漬物を生産販売する「東沢夢工房」等の生産組織が産声を上げました。

推進会議では、毎年度当初、1年間の活動計画である「主要事業の具体的取り組み（実施計画）」を定め、年度末には1年間の事業内容を5段階による検証評価を行ない、次年度の「具体的取り組み」に生かすというPDCAサイクルを実践しています。

2011年度から第2期計画、2016年度からは第3期5ヵ年計画のもとに活動しています。

まちづくり推進会議10ヵ年のおもな活動

(1) 夢里創造研究所の設立

地域のシンクタンク機能として設立された夢里創造研究所は、毎月1回定例の会議を開催し、米をはじめとする農産物、特産品、加工品のブランド化、東沢地区の公式ホームページの更新管理などを行なっています。

現在、情報対策、地域対策、ヤングの3班体制で運営していますが、ヤング班には地域おこし協力隊も加わり、若者が自ら地域づくりに参画し、地域事業に積極的にかかわっています。

また、長年地域の愛称として親しまれてきた「夢里」の商標登録を申請し、取得しました。

(2) 組織体制の整備

役職の負担軽減を図るため、組織と会計を一元化して協働のまちづくり推進会議に統合し、7組織を5部会制としました。

運営委員は、各種団体の代表、有識者が選任され、農業団体の代表が加わっています。年5回定例の運営委員会を開催し、地区経営母体として事業を行なっています。

また地域事業を5事業に集約し、住民負担を軽減しました。

・新春の集い……1月第2土曜日
・春祭り（早苗振《さなぶり》）……6月第1土曜日
・納涼夏祭り……8月第3土曜日
・地区体育祭……9月第1日曜日
　（小学校の運動会を兼ねる）
・収穫感謝祭……11月第1日曜日
　（小学校の学芸会を兼ねる）

(3) 自主防災会の設立

長井西縁断層帯の地震災害を想定し、2007年4月に設立しました。2015年8月に町と共催で「総合防災訓練」を実施、「地域防災計画」を策定して、防災マップを作成し、初動の2日間の災害に対応できるよう毎年防災訓練を実施しています。

毎年度はじめ要援護者リスト、支援者リストを作成し、また浄水器、発電機2台、簡易トイレ2基等の防災機器を整備しました。

(4) 農業の振興と所得の拡大

中山間地域総合整備事業（２００２年採択）により、農道、用排水路、暗渠による畑地化、活性化施設（活性化センター）が整備されました。

(5) 都市・消費者との交流

山村留学の継続と、２年に１度の同窓会を開催するとともに、おむすび権米衛社員、まちだ夢里の会の田植え・草取り・イネ刈り体験、特産紅大豆のオーナー制により、農作業体験、収穫、加工体験を行なっています。

おむすび権米衛社員が毎年農作業体験に訪れる

紅大豆オーナー制、播種作業の合間に木陰で休憩

(6) 学校教育との連携と食農教育

山形県で初めてコミュニティスクールの指定を受け、地域と学校の連携を強化しました。

毎月1回土曜日に小学生を対象にスマイルクラブを開設し、地域内各団体が交替で担当して、スイーツづくり、そば打ち、豆腐づくり、ゆべしづくり、しめ縄（正月飾り）づくり、凧の絵付け等を実施しています。

(7) NPO法人はーとサービス川西の設立

交通弱者の足を確保するため、東北初の過疎地有償運送の認可を得て、2006年4月から営業、2007年9月から福祉有償運送を開始しました。

現在は、過疎地有償運送の継続登録が実現せず、登録を要しない運送という位置づけで送迎を行なっています。また、除雪、買物、掃除などの生活支援を行なっています。

(8) 自然学習園の開設

湿地特有の貴重な生物（ハッチョウトンボ、モウセンゴケなど）を観察できるように、塔ノ沢湿地に木道を整備しました。森・みどり環境公募事業により周辺整備実施、自然学習園のリーフレット作成を行ないました。

(9) 伝統文化の継承

2008年3月『東沢の昔の農作業と年中行事』を発刊しました。史跡案内板の設置を計画して、2008年から地域内20ヵ所「夢里のさとめぐり」を選定、順次整備を行ない2016年に完了しました。

活動の成果

(1) 交流人口の拡大

1991年から継続しているやんちゃ留学、留学生保護者の会であるまちだ夢里の会、米の取引先のおむすび権米衛社員の田植え稲刈り体験、紅大豆オーナー制による農業体験など、多彩な活動で交流人口が拡大し、地域活性化に結びついています。

(2) 農産物の販売拡大

交流から生まれたおにぎり専門店への米の納入が行なわれたことや、女性パワーを生かした伝統の味噌漬などがスーパー、デパート、東京銀座のアンテナショップ「おいしい山形プラザ」で売り上げを伸ばしています。またアスパラガス、夏秋キュウリ、枝豆、寒中野菜キャベツ等の生産販売により着実に農産物販売額を伸ばしています。

これらの活動により3法人（農事組合法人夢里、株式会社東沢米翔、東沢夢工房）の売上高が２０１６年に1億円を超えました。

(3) 協働のまちづくりの推進

近年、多くの市町村が進めている協働によるまちづくりが、地域づくりの主流となっています。

東沢地区では、行政と住民の「協働」によるパートナーシップが定着し、組織体制の見直しをはじめ、マイバッグ運動の推進、環境整備、ＮＰＯによる福祉有償運送の実施、自然学習園の開設、伝統文化の継承等、充実した地域活動が行なわれています。

活動の成功の要因

地域活動の成功の要因には、次のようなことが挙げられます。

・リーダーを育てる地域であること、原点は、One for all. All for one. であり、公の精神を体現し、自己犠牲をいとわないリーダーの存在が欠かせません。

・地域住民との情報の共有が重要です。そのため、末端の住民組織である隣組の代表である組長と運営委員が合同で、年2回研修会を実施しています。

・まず話し合い、必ず決める、決めたことは必ず実行するということを具現化しないと、地域の信頼を得ることが困難になります。そのためのツールとして「地区計画」が必要です。

・毎年、活動を検証評価し、ＰＤＣＡを着実に実施しています。

・自分たちの活動は、自分たちで自分の生活を守るために行なっていますが、客観的な外部からの評価を得ることにより、自信と次の活動へのエネルギーになります。その意味で多くの賞を受賞したことは大きな励みになりました。

今後の課題

まちづくりに終わりはなく、新たな課題の克服に取り組まなければなりません。第3期地区計画は２０１６年から5ヵ年の計画になっていますが、地域課題として20年前に提起した「農業の再生」と「人口減少」が、今も最大の課題となっています。新たな地区計画には、おもなものとして次の項目が掲げられています。

(1) 交流と人づくり

・都市と農村の交流を継続し、消費者の農業体験活動を受け入れます。
・空き家を活用するなど、都市からの移住環境を整備します。
・若者の定着を図り、魅力ある郷づくりに取り組みます。

(2) 農業振興と所得の拡大

・農産物のブランド化、特産品の開発等に引き続き取り組み、所得の拡大を図ります。

(3) 地域資源の活用

・郷土料理等、地域資源のリストアップを行ない、その活用を図ります。
・ヒメサユリの植栽をはじめとする、景観の再構築を図ります。
・伝統文化の継承、歴史的史跡等の保存活用を図ります。

(4) 安全・安心な暮らし

・地域包括ケアなど、高齢化社会への対応に取り組みます。
・少子化による幼児保育、学校教育施設の統合など、子育て環境の整備を図ります。
・地震等の災害に対し、危機管理、防災体制の整備を継続します。

むすびに

協働のまちづくり推進会議の設立時に地域標語を募集し、特選となったのが「自信あります東沢、食と自然とあたたかさ」です。東沢の資源といえる、食と自然を大切にするとともに、人の心のあたたかさを地域資源とし、田園回帰の潮流を見逃さず、今後とも交流をベースにまちづくりを推進していきたいと思っています。

東沢地域は、明治初年には戸数約100戸の集落でした。地方創生で地区の人口ビジョンを策定しましたが、きびしい予測がなされています。30年後を見据えた地域運営組織の活動は、地域住民の理解のもとに、地区計画など長期のビジョンを策定することから始めなければならないと思います。私たちには、この課題に立ち向かう勇気、情熱が不可欠だとあらためて思います。これまでの経験を土台に、高い目標を掲げ、一段一段階段を上るように、これからも地域づくりに努力していきます。

「食のサロン」。地元の食材を使った郷土料理づくりが内外から注目

memo

●地域の人口	585人
●地域の戸数	184戸
●高齢化率	37.3%
●活動開始年	1996年
●活動の範囲	小学校の学区
●活動メンバー数	177人
●年間予算	事業費465万円（別途人件費、施設管理費1300万円）
●財源	会費91万円、町交付金202万円、その他（人件費、施設管理費は町からの指定管理費）
●ホームページ	http://www.zawa21.net

＊2016年12月28日現在

困りごと⑨　村内のもめごと

「もめごとのまち」から「話し合いのまち」へ

当たり前のことを当たり前に――「対話活動」を続けて45年

秋田県湯沢市／**岩崎地区自治会議・岩崎NPO**

岩崎地区自治会議副会長・岩崎NPO代表理事　高橋岩五郎

岩崎地区自治会議と岩崎NPOを中心にした活動状況を寄稿してほしい――農文協編集部からFAXが届いた。正直なところ驚くと同時に名誉にも感じた。

一方、その期待に応じられるのかどうか、自問自答してみた。それは、住民同士の対話から「地域課題」を整理し、その解決を目標に活動するという、ごく当たり前のことをくり返しているだけだからである。特別に目立つ活動でもない。巡回して町内会ごとに行なう住民対話集会（よろず懇談会）も、参加する住民はけっして多くはない。

ふり返ってみると、住民の対話活動として「第1回住民のつどい」を開催した1972（昭和47）年から、すでに45年が経過した。事務局機能が止まった3年間を除き、現在も休むことなく続けられている。当時、対話活動をひっぱった30歳前後の青年たちは、現在「後期高齢」に達した。

コミュニティ活動の研修視察で当地を訪れたり、出前の事例発表を要請したりする自治体や自治組織はここ3、4年、急に増えた。※ そのほとんどが「岩崎の町内懇談会は参考になりました」と、対話活動に対しての評価が高い。そのたびに、当たり前のことを当たり前に行なうことの大事さと困難さを実感している。

※2013～2016年12月の視察研修で当地を訪れた市町村・自治組織等は24団体、出前事例発表要請7団

体、計31団体。うち県外24団体＝77％。

対話活動のきっかけ ——「このままで何もしないと、俺たちも同じ道に……」※

48年前の1970（昭和45）年——このころ、公民館建設推進委員会（以下「委員会」）の委員たちは、長びいた内紛に疲れ果てていた。長い、暗いトンネルの中で、戦車は止まったまま。抜け出す明かりがいつ見えてくるかわからない。そんなとき、

「このような地域の状況ではダメだ。このままで何もしないと、俺たちの将来も、現在の争いと同じ道を歩む結果になりはしないか?」

毎月の例会で一杯飲みながら親睦を深めていた青年会OBの仲間たちは、自分たちの地域に口を出し体を動かすことにして「千年《ちとせ》友和会」を結成した。会には仲間の17人が加入した。

災いを転じて福となす——公民館の位置争いが、千年友和会の生みの親となったのである。

〈福〉となるか?・千年友和会の挑戦が始まる。

「きびしく、長い運動になるぞ」

初代会長の任を受けた高橋辰次郎さんも会員たちも、覚悟は共通していた。

「公民館の建設場所で、こんなにもめるのはなぜだろう。どこに原因があるのだろう」

「会議の中身が、住民に知らされていないからではないか」

「つねに腹を割って話し合える土俵が、岩崎にはないからだ」

ストレスがたまっていた会員たちの議論は、回を重ねるたびに熱を帯びていった。だが、グチは出るものの、具体的に、何をどうやっていくか、なかなか妙案が出ない。

しかし、「委員会のこれまでの審議記録集をつくって、全世帯に提供しよう」という意見でようやくまとまり、一歩を踏み出すことにした。

一決すると、行動は早かった。委員会の会長と公民館長の了解を得て資料を借り、分担して作業を進めた。印刷所へ原稿を渡すのに、資料を借りてから2週間はかからなかった。

『郷土づくりへの歩み——岩崎公民館敷地問題・33ヵ月間の審議記録から』と題したB5判、44頁の冊子は、その年（1970年）の暮れ、全戸に届けられた。

この審議記録集が、公民館の敷地問題解決に直接役割を果たしたとは思わない。しかし、その経過をガラス張りにした意義が大きかったことは、まちがいない。

だが、エゴ丸出しの状況を、住民のみんなに知ってもらうという活動それ自体が、破天荒なことでもある。いわば〝白眼視〟される？　という危険性もあった。

それだけに友和会会員の覚悟は、半端ではいられなかったのだ。

「地域内紛」の後、千年友和会は、とにかくここから出発した。
※この項、実践リポート・上『若者たちの挑戦』（千年友和会２０００年刊、Ａ５判３５８頁）抜粋

継続は力
——町内会ネットワークづくりに5年、活動成果の〝認知〟に10年

対話の土俵づくりをどう進めるか。１９７１（昭和46）年の正月明けから議論を重ねてきた千年友和会の会員たちは、「次世代は俺たちだ。いまの状況をわかっていて変えないことになれば、将来きっと悔いを残す。ぶつかりながらでも、歩きながら考えよう」と、当面三つの事業に絞って活動を続けることにした。

①全部の町内会（当時7町内会）を巡回して懇談会（よろず相談）を開き、出された地域課題の解決に汗を流す。
②出された地域課題のうち大事な課題をメインテーマに、だれでも参加できる「住民の集い」を開催する。
③全町内会のネットワークを立ち上げ、対話の土俵づくりをすすめる。

各町内会館を会場に45年続けている「町内巡回懇談会」

公民館移転改築の建設場所を巡って１９６８年から

約3年間内紛を続け、結局、市に下駄を預けるかたちで1971年3月、新岩崎公民館が竣工した。この内紛3年間の確執は、友和会の活動に色濃く、そして長期間影を落とし、ネットワーク（岩崎地区住民会議）の発足に5年、地域住民から成果を認められるのに約10年の年月を要することとなった。

千年友和会が主催してきた「町内懇談会」は、6年目から住民会議が主催し、友和会が事務局を引き受けることになった。友和会がようやく地域に認められるかたちになったのである。

町内懇談会は、全町内会を一巡して要望件数を整理すると80件前後になる。それを、伝統行事の継承・復活など地域内で解決するもの、川のゴミ問題で土地改良区などの団体に要望するもの、通学路・側溝・外灯・交通安全施設・除雪問題など市町村・県・国交省など行政に要望するものに整理する。また、全体の約80％は行政に対する要望である。件数や要望内容など、それらは当時も、現在も、毎年ほぼ同じだ。

岩崎地区は湯沢市の最北端に位置し、国道13号に沿った人口1650人、世帯数620戸の小規模な地域だ。南端は横手市十文字町に接する。以前は、学校改築や生活道路工事、国道工事など公的な事業があるたびに移転先や地権者間の話し合いがまとまらず、近隣の地域から「岩崎は争いの絶えないまち」「政争のまち」と伝えられていたのである。

自分たちの地域の将来に危惧を感じた千年友和会の〝挑戦〟から10年――地域の変化を確認できることがあった。

それは、岩崎地区が「まちづくり活動」を始めて10年後の1980年。湯沢市（当時）がたまたま市民意識調査を実施した。アンケートの「市民の声が市政に反映していると思いますか?」の設問で、「十分反映＋ある程度反映」が市平均50％。岩崎地区は市内8地区のうちトップの73％、次がA地区57％、B地区53％。平均以下が5地区で最低がH地区39％。

当時、道路改良などの地域要望を行政に実現してもらうには「10年後」が一般的だった。そのため、まだ地域要望の実現が少ない時期なのに、行政と地域住民の信頼関係を現わす設問の結果が、予想とは逆の最高値だったことに驚かされた。

「行政への信頼度73％」は、毎年続けてきた町内懇談会が市政への参加意識につながった結果ではないか。そしてなによりも、岩崎地区住民会議にとって地域主導によるまちづくり活動に大きな自信を持つことにつながったのである。

「町内懇談会」が定着したと認められる調査結果も出た。２００６年12月、自治会議が地域計画をつくるために実施した全世帯対象のアンケート調査である。「地域の要望や注文があるとき、あなたはどうしますか?」の設問に、「町内会で話す」が46%で、全国平均(朝日新聞同年８月調査)の32%を上回っている。「議員に話す」は６%（１９８０年調査は25%)、全国平均(朝日新聞同)は10%であった。

事務局機能ゼロに——岩崎流「コミュニティ活動３要件」で再生へ

対話活動を重ねる中で住民合意を図り、道路整備や生活改善運動、「藤花の千年公園」復活、岩崎小学校移転改築実現などの成果をあげ、気づいたら「もめごとの多いまち」「政争の絶えないまち」のイメージはすっかり解消していた。千年友和会の果たした成果は、地域全体の成果でもあった。

住民会議の事務局を担ってきた千年友和会は発足から22年後の１９９２（平成４）年、「一定の役割を果たして」解散した。

地域の声でまちづくり——岩崎地区の活動のすべては、過去も現在も、そして今後も、町内懇談会の中から出てくる「住民の声」がスタートである。

しかし、その後、事務局を担ってきた千年友和会の解散で町内懇談会が開けなくなった。住民対話がないため地域課題の整理・確認ができない。課題解決の汗も流せず、毎月２回定期発行の情報紙も提供できない状態が、３年間続いた。

「地域力」が極端に落ちたのを感じた千年友和会ＯＢ会は、その経緯を検証した。その結果、千年友和会が過去大事にして取り組んできた「コミュニティ活動３要件——みんなで対話・みんなで解決・みんなで情報共有」のうち一つでも欠けるとコミュニティ活動が止まることに気づき、「持続可能な事務局体制」の必要性を痛感したのである。

１９９９（平成11）年。「ここで、活動を止めてはならない」と、ＯＢ会は１９９２年に発足していた町内会長会と協議し、１年間かけて「地域内の自治組織見直し作業」を行なうことにした。

その結果、

２０００年　岩崎地区町内協議会発足

……9町内会と6つの活動団体が組織統合
2001年　岩崎地区自治会議発足
……町内協議会・自主団体・行政関連団体の協議組織
2002年　特定非営利活動法人岩崎NPO発足
……地域コミュニティ活動支援

岩崎NPOは発足後、町内協議会と自治会議の事務局機能を果たした。企画・立案、提言と事務局支援では、かつての千年友和会の活動とほぼ重なっていた。

指定管理者制度導入──持続可能な事務局体制へ

時代の流れは「平成の大合併」へ。1市2町1村が合併して2005（平成17）年3月、新湯沢市が誕生した。合併前年──湯沢雄勝合併協議会は新市建設計画の主要プロジェクト15事業のトップに「市民主体のまちづくり推進プロジェクト」を位置づけ、地域コミュニティ活動への支援策を具体的に示した。人的支援、財政支援、地域への施設管理委託（＝地域自治への期待）……行政として初の本格的なコミュニティ施策だった。

「もめごとのまち」解消へ、長年マイペースで進めてきた岩崎地区のコミュニティ活動。行政が地域コミュニティと真正面に向き合う〝時代変化〟の中で、マイペースでは「井の中の蛙」になるかもしれない……。合併の中に埋没してしまうかもしれない……。こうした懸念が、2004年秋に開催した「合併後の地域自治組織を考えるフォーラム」をきっかけに、岩崎地区内の関係団体の話し合いにつながった。

2007年秋、「地域の総意」で指定管理者制度導入を願う陳情書を市へ提出し、翌年の3月定例市議会で承認され、持続可能な事務局体制への期待へとつながったのである。

新たな課題──市長「トップバッターとして頑張ってほしい」

2008年、岩崎地区に湯沢市ふるさとふれあいセンター（愛称：かしま館）が竣工、オープンした。移転改築推進運動から11年目の実現である。かしま館は「市全域対象のコミュニティ活動・市民活動・市民交流拠点」として位置づけられ、オープン以来、岩崎地区自治会議が指定管理している。

また、２０１１年度統廃合で廃校になった市立岩崎小学校の体育館を、市の要請で２０１２年度から自治会議が指定管理で運営し、かしま館・体育館とも、当初の計画を大きく超える約3倍の利用者に活用してもらっている。

かしま館の指定管理で地域活動の拠点施設を確保して以来、住民対話や地域の伝統行事など従来の活動を継承しつつ、新たな世代間交流事業や地域で子ども全員をほめて表彰する「子ほめ運動」、外部からの体験研修受入れ事業、文化庁の支援事業実施など、地域のコミュニティ活動は、目に見えるかたちで広がっている。

２０１１年にかしま館指定管理の外部評価を実施していただいた由利本荘市のＮＰＯ法人矢島フォーラム・太田良行理事長の勧めで２０１５年、３泊４日の「岩崎指定管理研修セミナー」を開催し、貴重な体験もできた。

指定管理の健全な運営には、事業検証→課題整理→改善協議、利用者アンケート、外部評価が欠かせない。

岩崎地区自治会議が指定管理する
湯沢市ふるさとふれあいセンター

子どもを地域でほめて表彰する「子ほめ運動」

2015年に開催した「岩崎指定管理研修セミナー」

表　岩崎地区の町内別人口と湯沢市他地域との比較（2016年10月末現在）

行政区	人口（人）	世帯数	～14歳人口（人）	年少率（%）	65歳～人口（人）	老齢化率（%）
栄町	158	64	10	6.3	70	44.3
清影町	227	90	19	8.4	88	38.8
緑町	138	54	13	9.4	57	41.3
茜町	53	17	11	20.8	8	15.1
末広町	195	66	30	15.4	61	31.3
松並表通り	171	67	18	10.5	40	23.4
松並寺通り	228	83	30	13.2	55	24.1
松浦	75	36	6	8.0	22	29.3
成沢上丁	195	71	15	7.7	64	32.8
成沢下丁	172	59	17	9.9	56	32.6
山崎	44	16	1	2.3	11	25.0
岩崎地区　計	1,656	623	170	10.3	532	32.1
湯沢地域	29,203	11,592	2,838	9.7	9,995	34.2
稲川地域	8,597	2,943	752	8.7	3,112	36.2
雄勝地域	7,028	2,679	499	7.1	2,915	41.5
皆瀬地域	2,381	869	216	9.1	922	38.7
湯沢市計	47,209	18,083	4,305	9.1	16,944	35.9

また一方、かしま館事務局の「職員確保」もむずかしい状況が続いており、解消できる方向はまだ見通せていない。これらは指定管理のリスクであり、越えるべき新たな課題である。

矢島フォーラム・太田理事長は、「指定管理者制度は毀誉褒貶半ばしているというのが現状です。コストの縮減では有効であっても、利用者へのサービス向上、そして指定管理者への適正な待遇という大きな課題が未解決のままです」と言う。

指定管理の健全な運営は、行政とともに考えていく課題でもある。

＊

人口減少と高齢化の波は例外なく当地にも押し寄せている。「限界集落」化を未然に防止するには、地域が自ら動くことが欠かせない。

これまで岩崎地区は比較的災害の少ない地域だが、２０１５年の町内懇談会で「災害に対する備えを……」という要望が出された。町内協議会が昨年、県の防災学習館を研修視察したのをきっかけに、地域防災会議が開催され、地域全体で「地域防災計画づくり」に動いてきた。

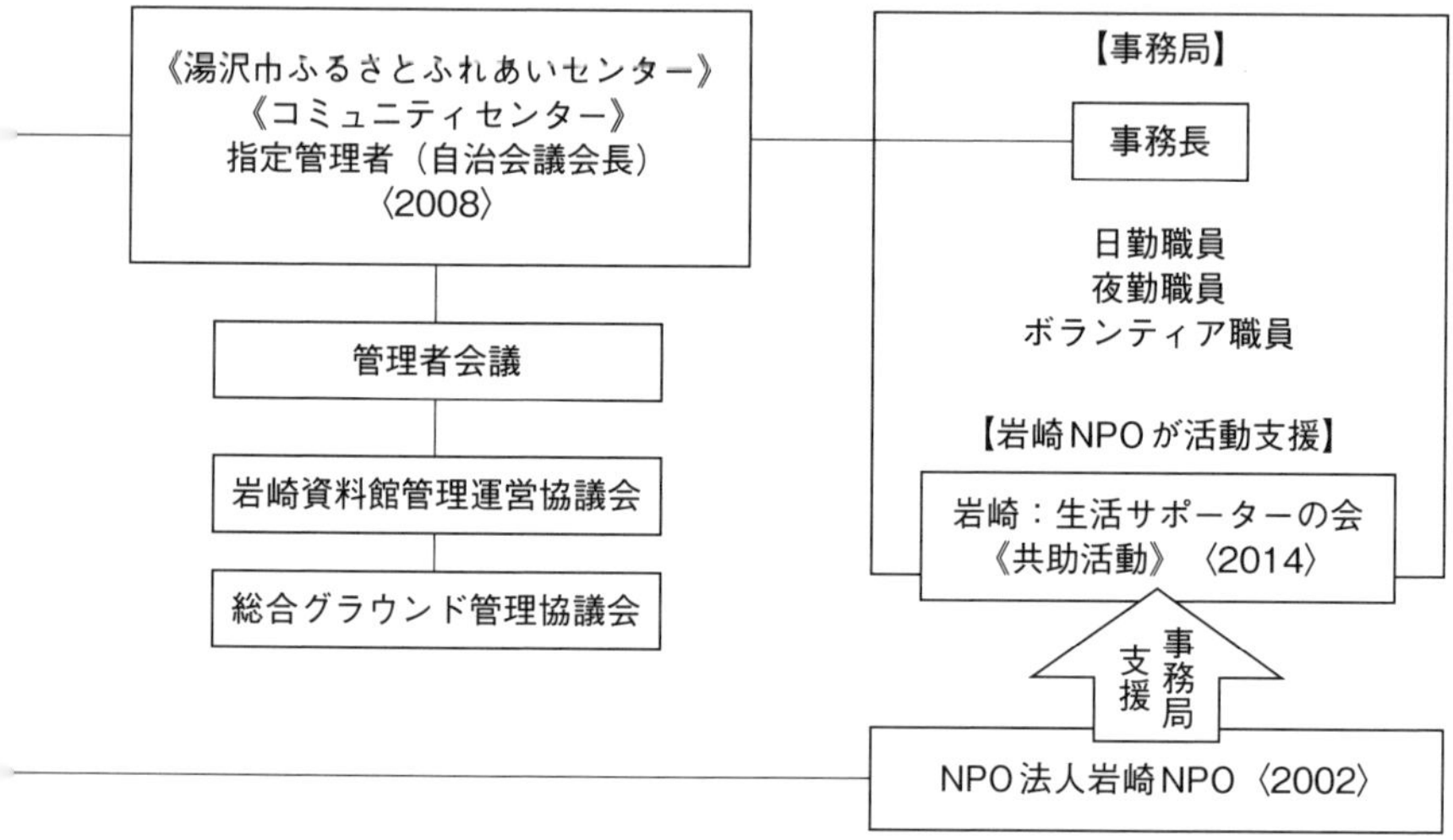

生活サポーターの会による雪下ろし作業

現在は、市と県・国の支援事業実施を視野に、関係団体の連携、学習が始まっている。「岩崎はコミュニティ活動のモデルだ。市内の地区センターを計画的に指定管理にしたい。トップバッターとして頑張ってほしい」と、かしま館指定管理のスタート時点で当時の市長から激励を受けた。

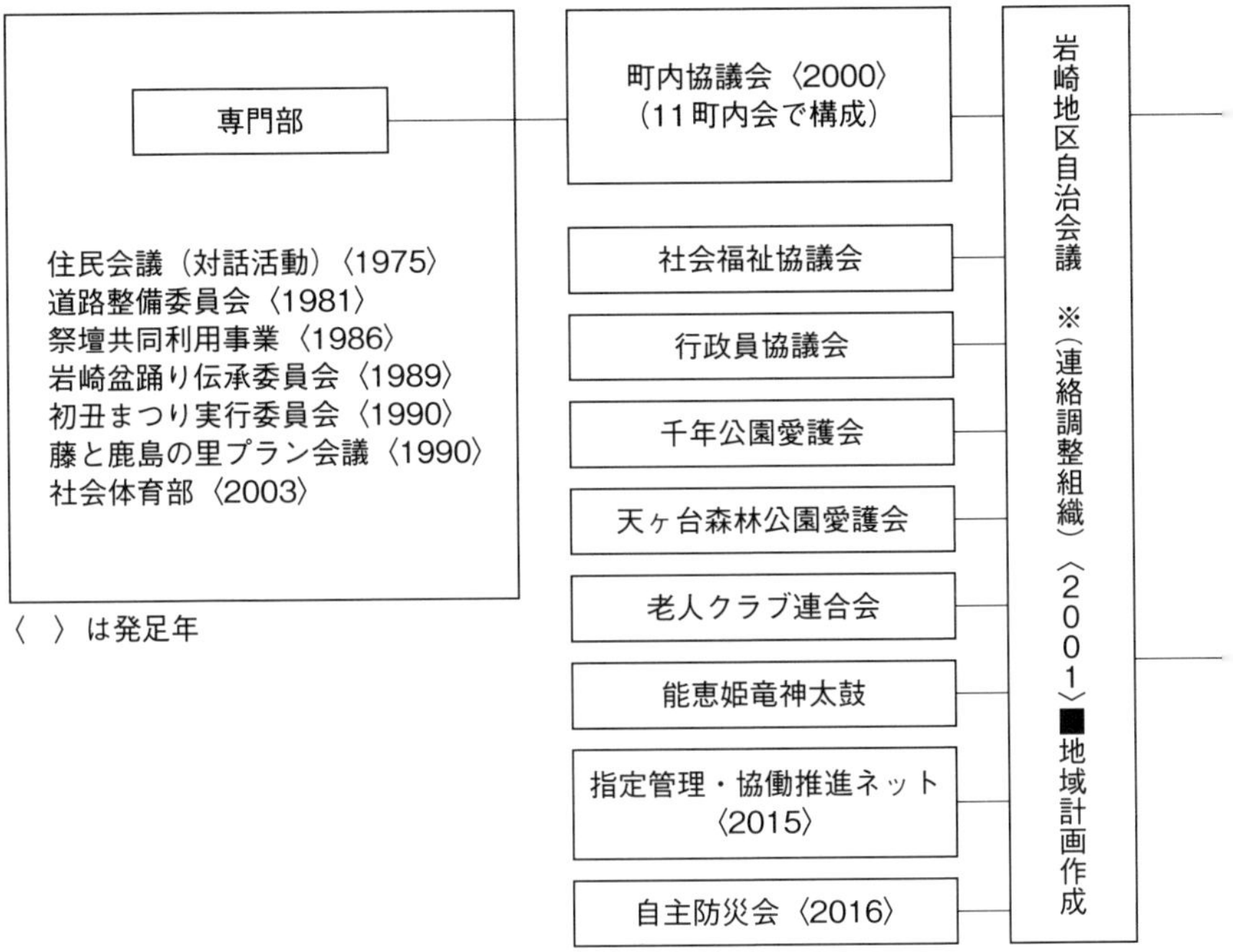

図　岩崎地区自治組織図（2017年2月現在）

地域の声でまちづくり――地域住民一体で「対話活動」を継続し、かしま館の指定管理で「持続可能な事務局体制」の整備に努めながら、新たな地域課題を越えていきたい。

地縁団体である町内協議会と自治会議、志縁団体であるNPO、そして地域自治をサポートする市行政とが連携して「協働事業推進」につながれば、人口減少や高齢化の課題など「むらの困りごと」はきっと乗り越えられると信じている。

memo

●活動の範囲	昭和の合併（1954年3月）前の旧岩崎町
●活動メンバー数	任意団体　岩崎地区自治会議12人 任意団体　岩崎地区町内協議会9人 特定非営利活動法人 岩崎NPO（中間支援団体）26人1団体 町内協議会各専門部メンバー計108人 その他各団体メンバー
●年間予算・財源	岩崎地区自治会議9万3000円（構成団体（18）負担金・繰越金） 岩崎地区町内協議会23万6000円（町内会負担金、地域内団体から助成金、繰越金） NPO法人 岩崎NPO17万1000円（会費、地域内団体から寄付金、繰越金）

上記予算は、おもに組織運営費である。事業費は国・県・市などの助成金を活用しているほか、町内会負担金・寄付金（企業・商店・個人）などでまかなっている。

PART 3

むらの未来をひらく 地域運営組織・集落営農

島根県雲南市では、地域と行政が「直接的に・横断的に・分野別で」協議する「地域円卓会議」を本格導入（180頁）

地域運営組織の可能性
――有識者会議の議論を踏まえて

明治大学農学部教授　小田切徳美

Ⅰ　地方創生における地域運営組織の位置

地方創生の「本丸」

２０１４年11月に制定された地方創生法の正式な名称は「まち・ひと・しごと創生法」である。「地方創生とは「まち」「ひと」「しごと」を一体的に推進することとあり、「まち」については、「国民一人一人が夢や希望を持ち、潤いのある豊かな生活を安心して営むことができる地域社会の形成」と、まさにコミュニティづくりを意味するということが法律の中にはっきりと書かれている。さらに、今までの地方創生、地方版総合戦略が、いわば市町村レベル、団体自治レベルの地方創生であったのに対して、地域運営組織は住民自治レベルの地方創生であり、ある意味では地方創生の「本丸」がいよいよ始まったのだと考えてもよい。

「地域づくり」と地域運営組織

このことをあらためてこれまでの地域づくりにあてはめて考えてみたい。図１のように、地域づくりは「暮らしのものさしづくり」「暮らしの仕組みづくり」「カネとその循環づくり」の３点から成り立っている。この立体的な組み合わせの中に農山村をはじめとする全国の地域づくりが位置づいている。その中の「暮らしの仕組みづくり」が新しいコミュニティづくりであり、まさに地域運営組織づくりである。その点では今までの地域づくりの中にも位置づくものだと思う。ち

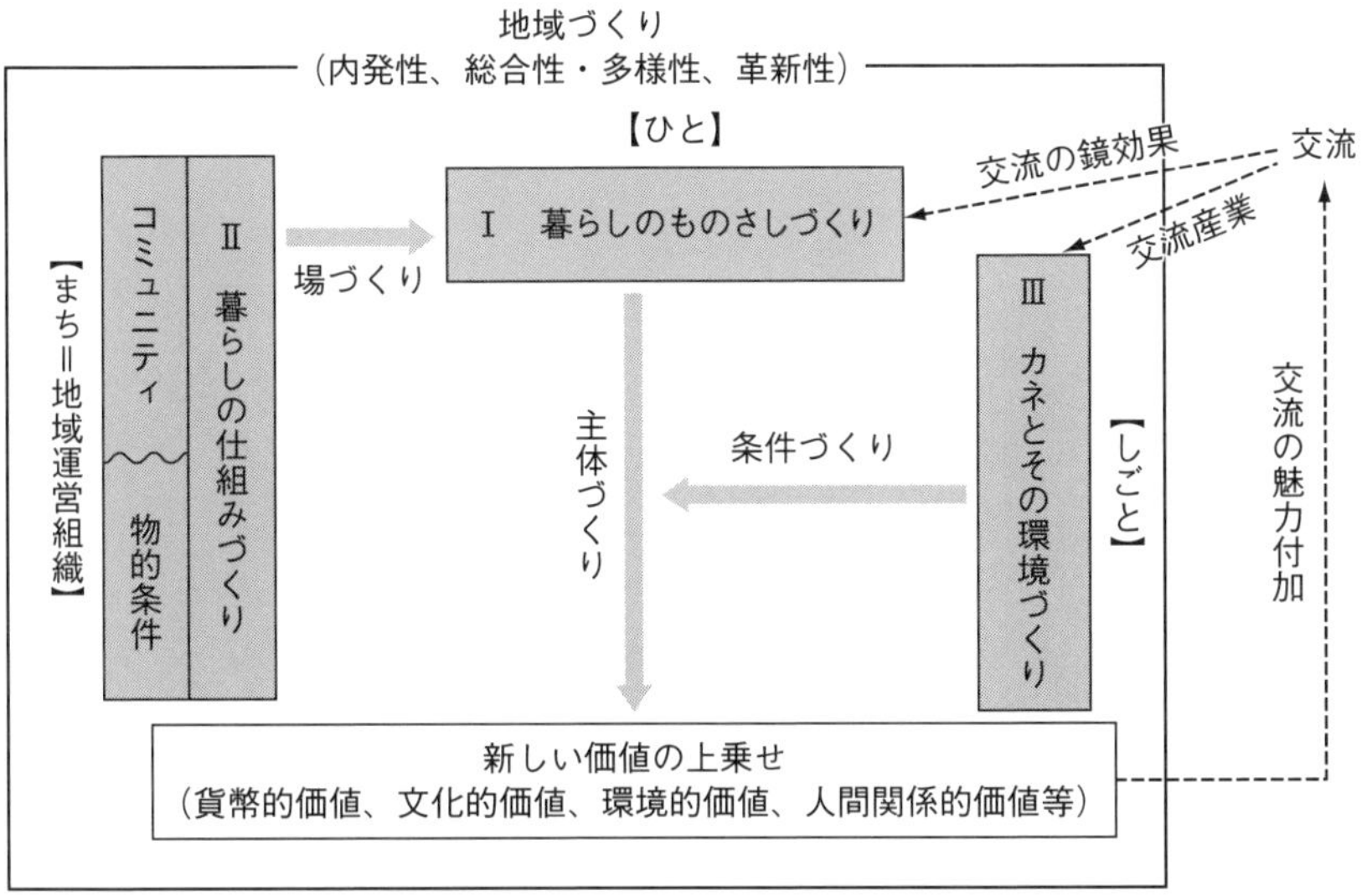

図1　「地域づくり」と地域運営組織

なみに「暮らしのものさしづくり」とは、それぞれの住民がそれぞれの価値観をつくっていくことであり、それが当事者意識を持つ人材、ひとづくりにつながる。「カネとその循環づくり」はしごとづくりである。そのように、「まち」「ひと」「しごと」が地域づくりの中に位置づいていることが確認できる。本稿ではその中の地域運営組織を深掘りし、なおかつこれが地方創生の一つのベースであることを確認したい。

２０１６年３月にスタートし、私が座長をつとめた内閣官房「地域課題に対応した地域運営組織に関する有識者会議」の検討課題は以下のような論点であった（カッコ内の％数字は総務省による２０１５年のアンケート結果、図２）。

論点１　法人化の推進

地域運営組織の活動の多様化や持続的な発展を図る上で法人化が有効であり、現行制度の有効活用や多様な法人類型の整備の検討が課題。

論点２　人材の育成・確保

地域運営組織が継続的に活動していくうえでの課題としては（図２）、「活動の担い手となる人材の不足」（56％）、「リーダーとなる人材の不足」（76％）、「事務局運営を担う人材の不足」（50％）〈総務省調査〉となっ

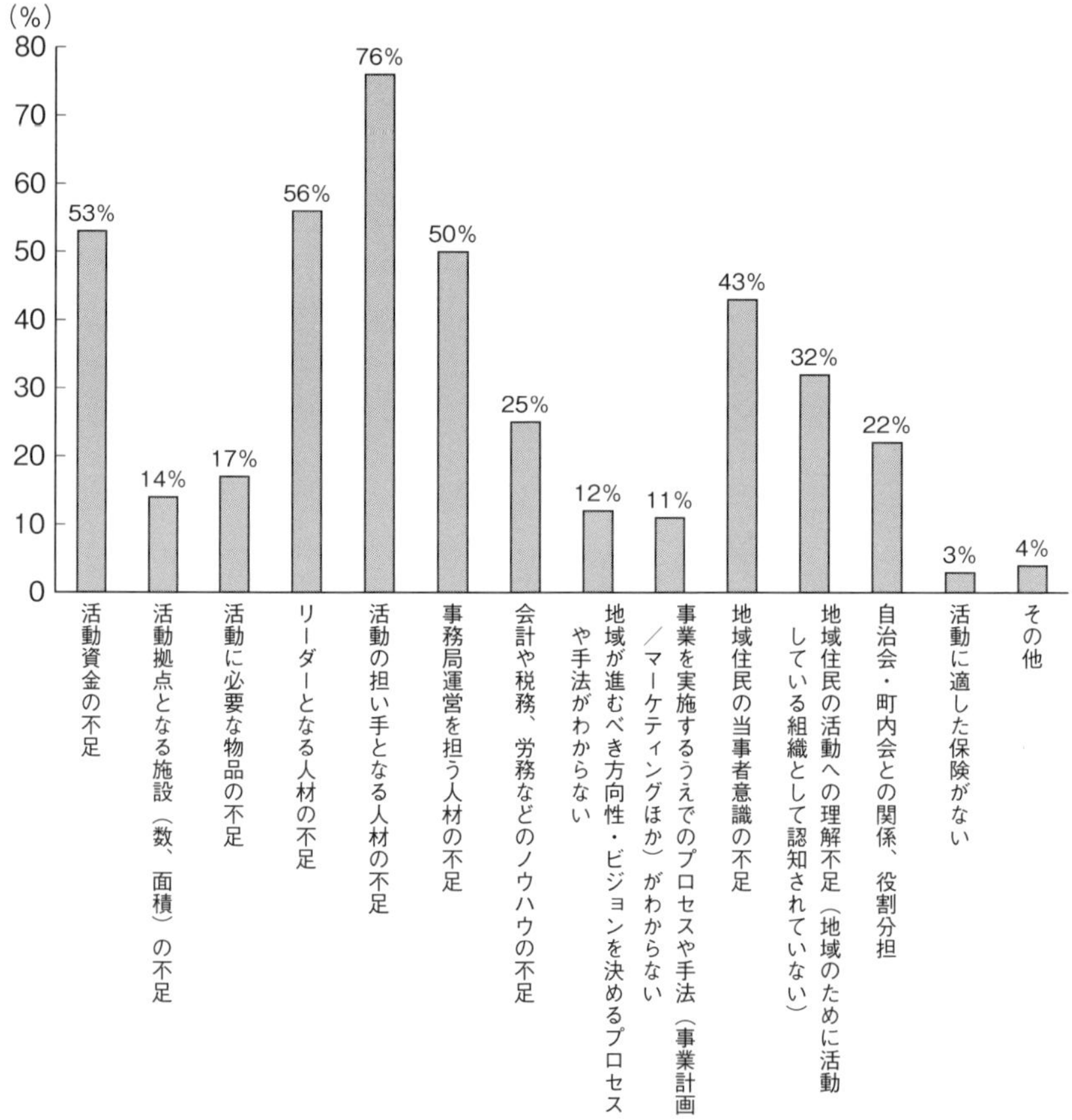

図2　地域運営組織が継続的に活動していくうえでの課題（総務省の2015年アンケート調査から）

ており、人材の育成・確保が大きな課題。

論点3　資金の確保

法人組織となった地域運営組織が継続的に活動していくうえでの課題としては、「活動資金の不足」（53％）が多く、本格的な地域活動を行なうに当たって資金の確保が課題。

論点4　事業実施のノウハウなど

地域住民が主体である地域運営組織が適正かつ効率的に事業を行なうために必要なノウハウを得ることや環境整備が課題。

論点5　行政の役割、多様な組織との連携

地域におけるリソースが少ない中、持続的な地域づくりを図るため、国や地方公共団体の役割を明らかにするとともに、地域にある多様な組織との連携を行なうことが課題。

本稿では、このような検討を行なった有識者会議での議論を意識しつつも、私自身の認識や展望を論じてみたい。

Ⅱ 地域運営組織の基本認識

「地域運営組織」とは？

そもそも地域運営組織とは何か？ 簡単に言えば、住民による参加・協議組織で、それに加えて問題解決のための実行組織だと位置づけたい。地方創生総合戦略（2015年改訂版）にもそうした規定があり、「地域課題の解決に向けた事業等について、多機能型の取組を持続的に行うための組織」と位置づけられている。総務省の報告書には「地域課題の解決に向けた取組を持続的に実践する組織。具体的には、従来の自治・相互扶助活動から一歩踏み出した活動を行っている組織」とある。つまり、集落や町内会、あるいはそれらも含みながらも、より一歩踏み出した実行組織と位置づけられるだろう。

先発的な地域運営組織の実態

じつは十数年前、平成の市町村合併の前後にもさまざまな地域運営組織が生まれ、私や仲間の研究者も注目してきた。当時は「地域自治組織」と呼ばれ、中山間地域、とりわけ中国山地で活発に活動している組織を考察してみると、「総合性」「二面性」「補完性」「革新性」などの特徴を持っていることがわかった。

「小さな自治」とか「小さな役場」と表現される総合性を持ち、自治組織であると同時に経済組織でもあるという二面性を持っている。従来の町内会はお金を集めるにしてもわずかな会費を集める程度であったが、共同売店やガソリンスタンド、生活交通運行、特産品開発といった具体的な経済事業を行なうところに新しさがあると着目してきた。だからといって集落がなくなっていくわけではなく、むしろ集落（町内会）と地域運営組織の間には補完性を持たせている。いささか乱暴な表現をすれば集落（町内会）は地域資源の維持保全等の「守り」の自治、地域運営組織は問題解決の「攻め」の自治、という具合に整理できるのではないかと思う。そのような意味では集落と地域運営組織は、二階建て、あるいは車の両輪のように併存するというイメージを持っていた。

そしてもっとも重要なこととして、男社会になりがちな集落や自治会とは違い、男女共同参画を実現するような、あるいは「1戸1票制」ではなく若手も含めた「1人1票制」のような運営原則を持っているという革新性にも注目していた。

約10年前にスタートしたこのような地域運営組織について私たちは、住民が当事者意識を持って、地域の仲間とともに手づくりで自らの未来を切り開くという積極的な展開をしているという点で「手づくり自治区」と規定してきた。しかしこれは約10年前の認識であり、この間さまざまな変化があった。とりわけ、新たな性格として、「多様性」を付け加えるべきではないかと思う。総合性、二面性、補完性、革新性という特徴は現在の地域運営組織にも貫かれていると思うが、多様性の幅は私たちのかつての予想よりもはるかに広いものになっている。

Ⅲ 地域運営組織の多様性

地域運営組織の多様性をどのように見たらよいのか?

一体型と分離型

一つの軸は協議—事業組織との関係である。地域運営組織には母体組織との関係で一体型のものと分離型のものがある。図3の上の一体型はよく見られるもので、「○○地域づくり協議会」の中にいくつかの部会があり、部会単位でさまざまな活動をしている。

しかし最近では下の分離型のように、母体組織が熟度の高い実行組織に法人格を持たせて「切り出す」組織が生まれている。「切り出す」というのは法政大学法学部の名和田是彦教授による表現だが、すべての部会が切り出されるのではなく、熟度の高いものから切り出されて、NPO法人、株式会社、合同会社などの法人格を持つというさまざまなパターンがある。つまり一体型か分離型かというだけでも大きな多様性が予

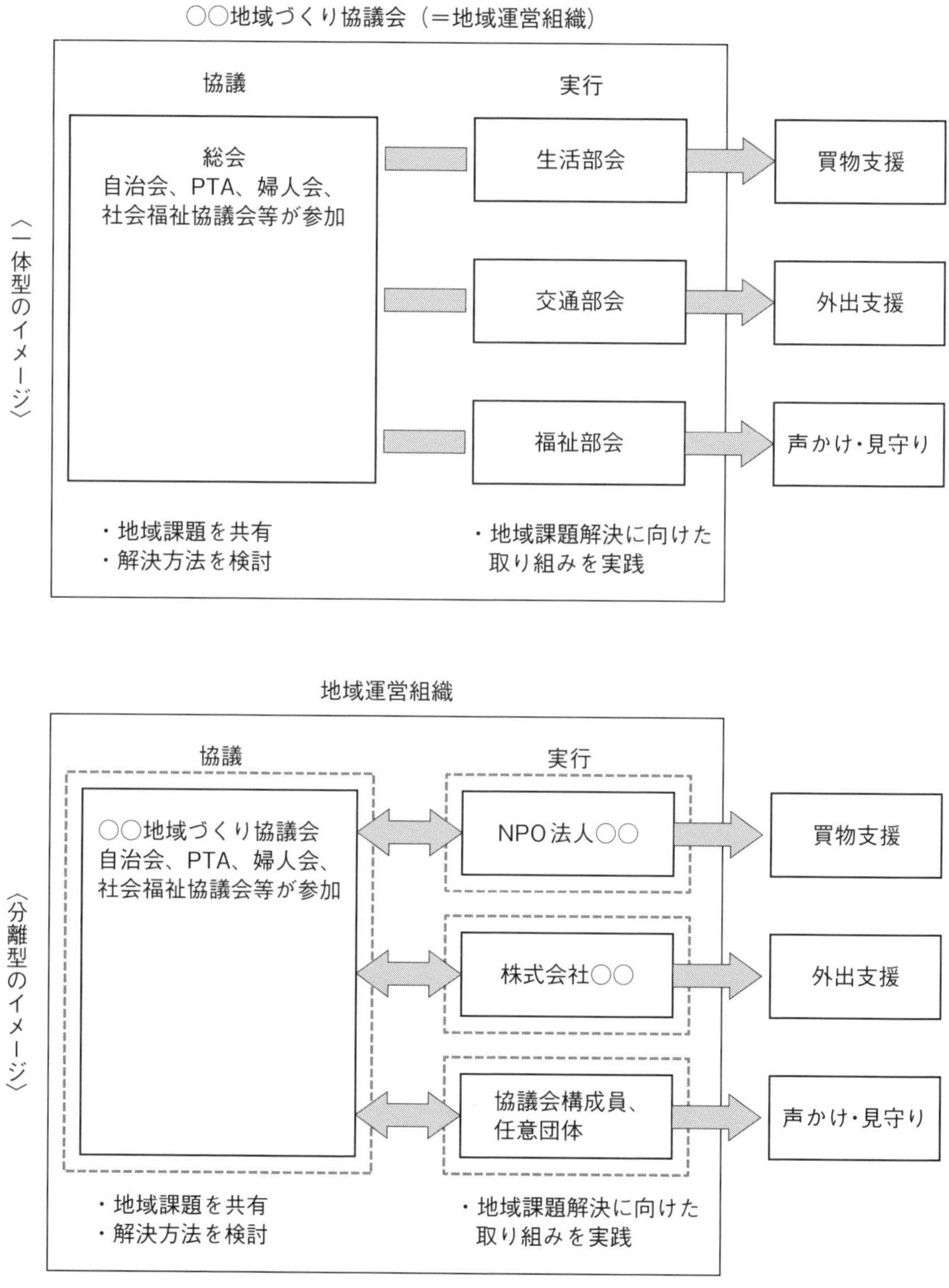

図3　一体型の地域運営組織と分離型の地域運営組織（総務省報告書より）

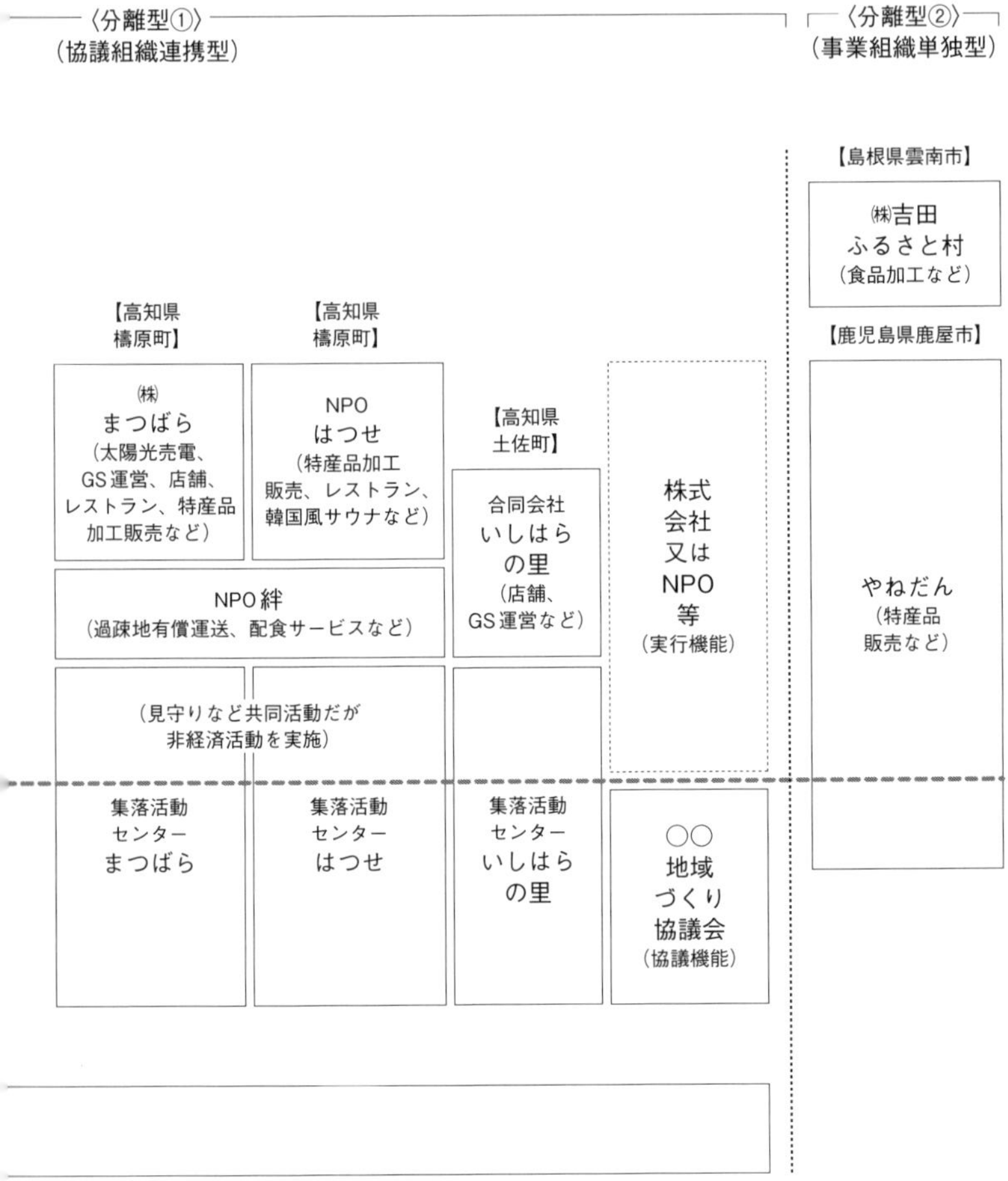

想でき、そのうえでそれらの事業目的にも生活サービスに特化したものから、コミュニティ・ビジネスを名乗るものの、比較的高い収益を得ているような組織まで、大きな多様性がある。暮らしと経済のあいだに大きな幅が存在している。

地域運営組織の多様性

それを表わしたのが図4である。一つ一つが地域運営組織の枠組みを示しているが、タテ軸の上が実行機能、下が話し合い・協議機能である。さらに実行機能の中でも上がコミュニティ・ビジネス、下が生活サービスを表わしている。一体型は、第二象限と第三象限をまたぐように組織が

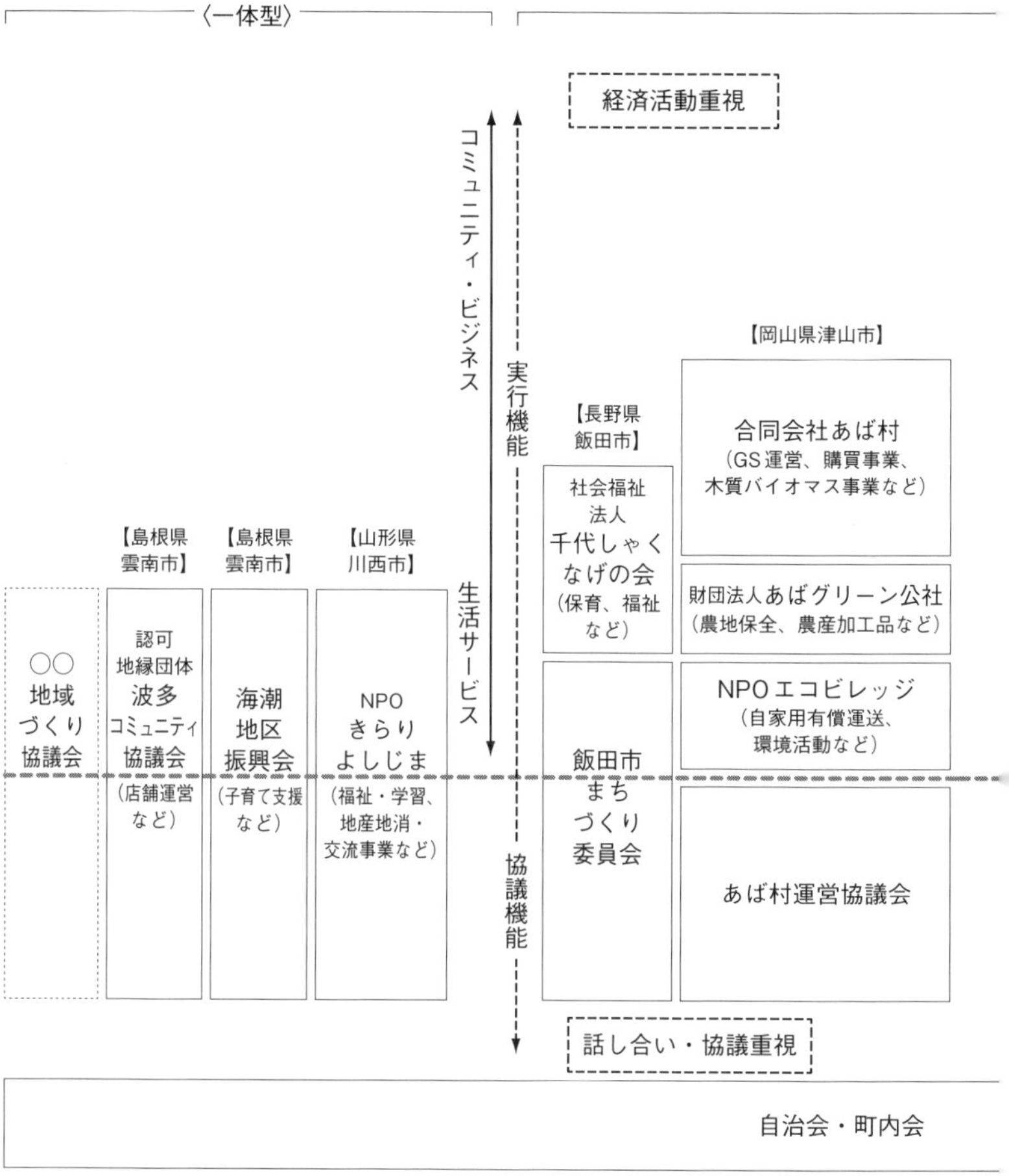

図4 地域運営組織の多様性の図示（有識者会議中間報告書案による）

存在している。分離型は、協議組織は当然、協議機能に位置づくが、実行組織は第一象限にはみ出している。その中での生活サービス型の切り出し方、コミュニティ・ビジネス型の切り出し方もさまざまである。

この表示で改めて確認したように、地域運営組織は非常に大きな多様性を持っている。したがって、有識者会議の検討のうえでは、一つの組織に焦点を当てることによって、ほかの組織の姿が見えにくくなるという困難性を抱えていた。

その他の多様性（他組織との関係）

しかも多様性はこれだけで

はない。とくに市町村との関係の多様性は重要である。

一つの市町村の中の全域に設立されているような地域運営組織もある。これは多くの場合、市町村がいわば「認定」しているような組織である。たとえば島根県雲南市には30の、山形県川西町には7の地域運営組織があるが、これは市町村が認定したような組織である（川西町は本書135頁、雲南市は180頁参照）。

一方では、一つの市町村の中に本来なら20できるはずだが、現在は2つというような、一部設立のかたちも存在する。

これには平成の市町村合併が契機となったかどうかということが大きく関係していると考えられる。合併という大きなインパクトが地域に影響を与えることによって、いっせいに組織が立ち上げられるタイプが全域設立、合併以降に順次生まれているのが一部設立と説明できるかもしれない。

もう一つ重要なことは、おそらく今後、公民館と地域運営組織の関係が重要なポイントになってくるのではないかということである。公民館と併設のかたちで連携しているのか、あるいは公民館がコミュニティセンターのようなかたちに再編されて連携しているのか、それとも無関係なのか。地域運営組織は、それを担う人材の育成がとりわけ大きな課題である。公民館と連携することで、公民館がその人材育成を担っているところが多くあり、これも一つの軸である。

いずれにしても、さまざまな軸があり、それぞれの中でさらに多様な存在がある。それを前提とする政策対応が必要である。

Ⅳ 地域運営組織の現状

実態

総務省の2016年3月の地域運営組織の報告書では、全国の全市町村を対象に回収率91％（1590市町村）のアンケートを取っている。それによると、31％の市町村（494）に1680団体の地域運営組織をみることができた。この地域分布は印象的なものであり、全国平均が31％という中で、中国地方がかなり突出していて48％、とりわけ鳥取県は65％であった。過疎化が先発したこの地域で設立割合が高いのは、し

表1 「法人格あり」の地域運営組織は13%（総務省の2015年アンケート調査から）

地域運営組織の組織形態	法人格	団体数	割合(%)
認可地縁団体	あり	31	2
認定NPO法人		4	0
NPO法人（上記以外のNPO法人）		174	10
株式会社		5	0
公益社団法人		2	0
一般社団法人		7	0
協同組合		3	0
自治会・町内会（法人格を持たないもの。連合組織を除く）	なし	90	5
自治会・町内会の連合組織（法人格を持たないもの）		167	10
任意団体（上記自治会・町内会を除く）		1032	61
その他		165	10

ばしば私たちが論じているように、「解体と再生のフロンティア」としての中国地域の性格を反映したものであろう。そして1680団体のうち、90%が事務所を持ち、50%が専任の事務スタッフ（うち78%で有償スタッフ）を抱えているという事実も判明している。

その1680団体のうち法人格を持つのはわずか13%、226団体。このうち79%がNPOで、14%が地方自治法上の認可地縁団体（表1）。

活動内容については高齢者交流サービスが50%、声かけ、見守りサービスが37%、そして指定管理などを受けての公的施設の維持管理が25%。少し意外に感じられるかもしれないが、都市農村交流も含めた体験交流事業が34%と3番目に位置づいている（図5）。いずれにしても多機能型だということを確認しておきたい。

（注）総務省の2017年3月の報告書では、新しい調査結果が掲載されており、全市区町村対象、1718市区町村回答のアンケートで、34%の市町村（609）に3071組織が存在し、存在しない市町村でも89%が必要性を認識しているとされている。

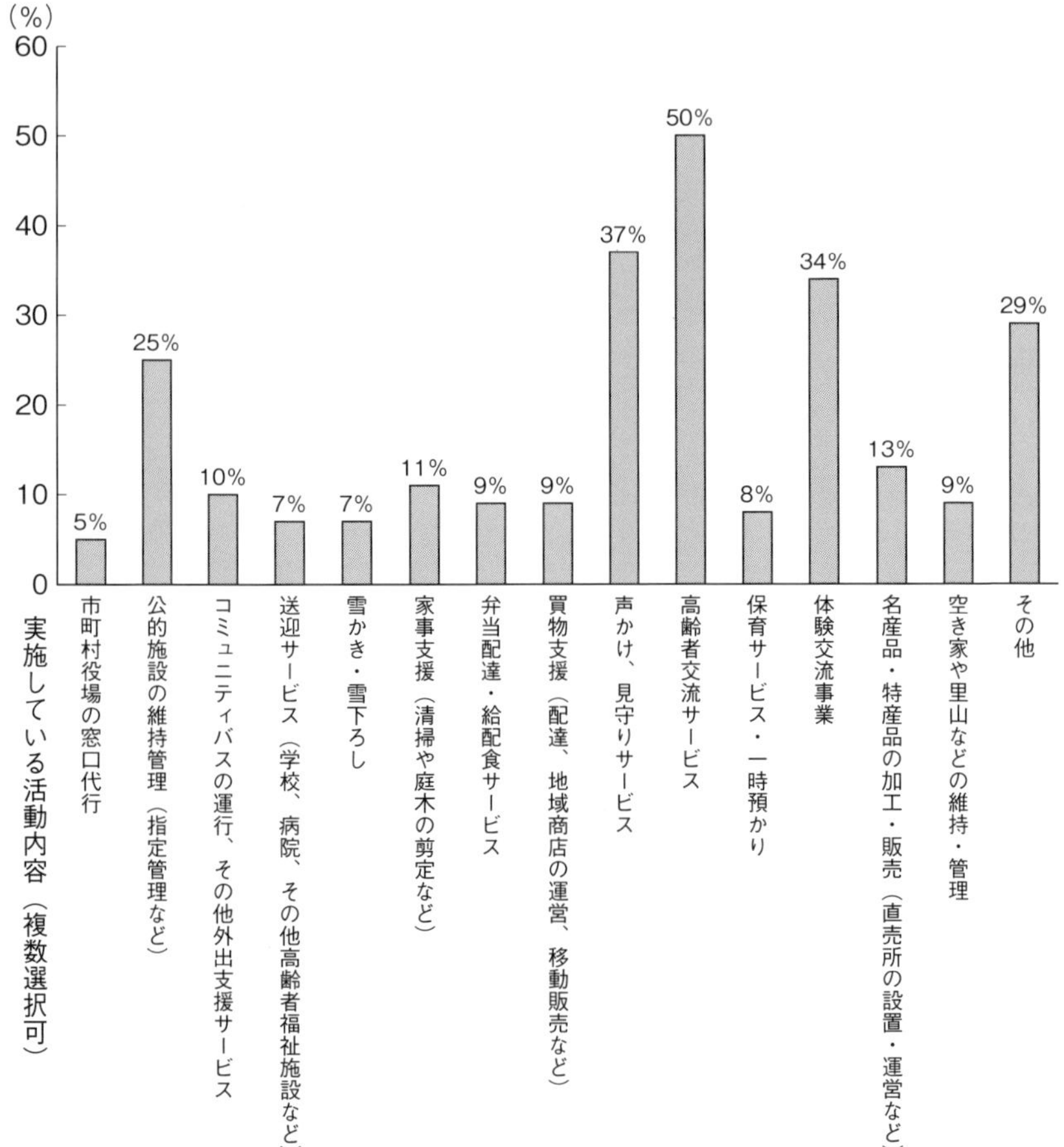

図5　地域運営組織の活動内容は多機能的で福祉関係が多く、体験交流や施設管理も
（総務省の2015年アンケート調査から）

V 組織設立と持続化の課題

組織設立をめぐる課題

こういった状況の中で、地域運営組織をどのように量的に拡大し、そして質的にも向上させていくのかが今後の重要な課題になるだろう。

この課題について私の考え方を簡単に述べると、まず組織の設立については先述したように、平成の市町村合併によって設立された地域運営組織がある程度の割合を占めている。したがって今後、地域運営組織を設立するにあたっては、そうした合併インパクトに匹敵するレベルの設立エネルギーが必要だということになる。そのためのベースにはワークショップが位置づけられる。ワークショップのファシリテーターの育成と支援も課題である。ワークショップによって地域住民が集い、共同の力で地域資源を発見して、それをもとに何ができるのかを皆で話し合う。このプロセス自体が当事者意識の醸成になり、場合によってはリーダーを育成していくプロセスにもなる。

さらに自治体等のサポートも重要になるが、地域運営組織の設立をめぐり担当部局が明確化されていない市町村、あるいは専従化されていない市町村も少なくない。企画課や農政課など、さまざまな部局がかかわって、窓口が一本化されていない市町村が大多数ではないだろうか。設立支援を本気で進めるためには、担当部局の明確化と担当職員の専従化が必要かと思われる。

たとえば高知県では今、地域支援企画員という県職員が地域に入り込んで、さまざまな課題をサポートしていく仕組みが地域運営組織づくりに大きな役割を果たしている。県庁には『集落センターの立ち上げに向けた支援マニュアル』という冊子があり、たとえばワークショップに参加しない住民にその必要性をどのように説明するかといったことが書かれたリアルな内部文書的なマニュアルで、県庁職員が市町村から問い合わせがあったとき、「ほかの市町村ではこんな事例があった」と答えられるようになっている。高知県庁で行なわれているこのようなことは、NPOなどの中間支援組織による代替も可能だと思われる。逆に言えば、こうしたものが、なんらかのかたちでなければ地域運営組織の設立は前に進まないのかもしれない。

地域運営組織設立のインパクトになりうる要素としては、2016年度から始まった地方交付税措置がある。普通交付税と特別交付税の双方だが、地域運営組織が普通交付税の算定根拠になっているということは、すべての市町村に地域運営組織を装備することが標準形とされているということであり、これ自体が非常に大きなインパクトになる。場合によっては市町村が条例を制定することも契機となる。外部人材、とりわけ地域再生マネージャーと呼ばれる専門家を導入することもそうであろう。いずれにせよ、そうしたインパクトをうまく仕組むことなしに地域運営組織は設立できないという認識は必要ではないか。

組織持続化をめぐる課題

(1) 資金確保とその安定化

地域運営組織を持続化させ、発展させるためには、資金確保とその安定化はやはり大きな課題である。会費、事業収益、補助金ないし交付金、寄付という4つあるいは5つの費目を合わせ技で運営するのが一つのポイントだが、意外に会費徴収組織は多くはない。集落単位の会費—地域によって呼び方は異なるが「まんぞう（万雑）」等と呼ばれているような会費—が当たり前のように徴収されていても、それに上乗せして徴収するのが困難という地域では、会費を集めていない。参加意識を明確にするためにも、こうした段階から一歩踏み出す必要がある。

市町村による交付金については、先述した市町村内の一部の地域だけに設立した一部設立型では、一括交付金や包括交付金を出すのは市町村の判断としてなかなかむずかしいのではないかと思う。そのような意味では全域設立時に可能になる一括交付金が大きな効果をもたらす。

高知県の檮原町では、中山間地域等直接支払の交付金をプールするかたちで地域運営組織の資金にしている。

今後、おおいに期待されるのが寄付である。地域内からの寄付ももちろんだが、地域の外に出た方がその地域に寄付をする、いわばふるさと納税の地域運営組織版も大きな意味を持つ。そのためにも、後述する組織の法人化や法人化による税制上の優遇も課題となろう。

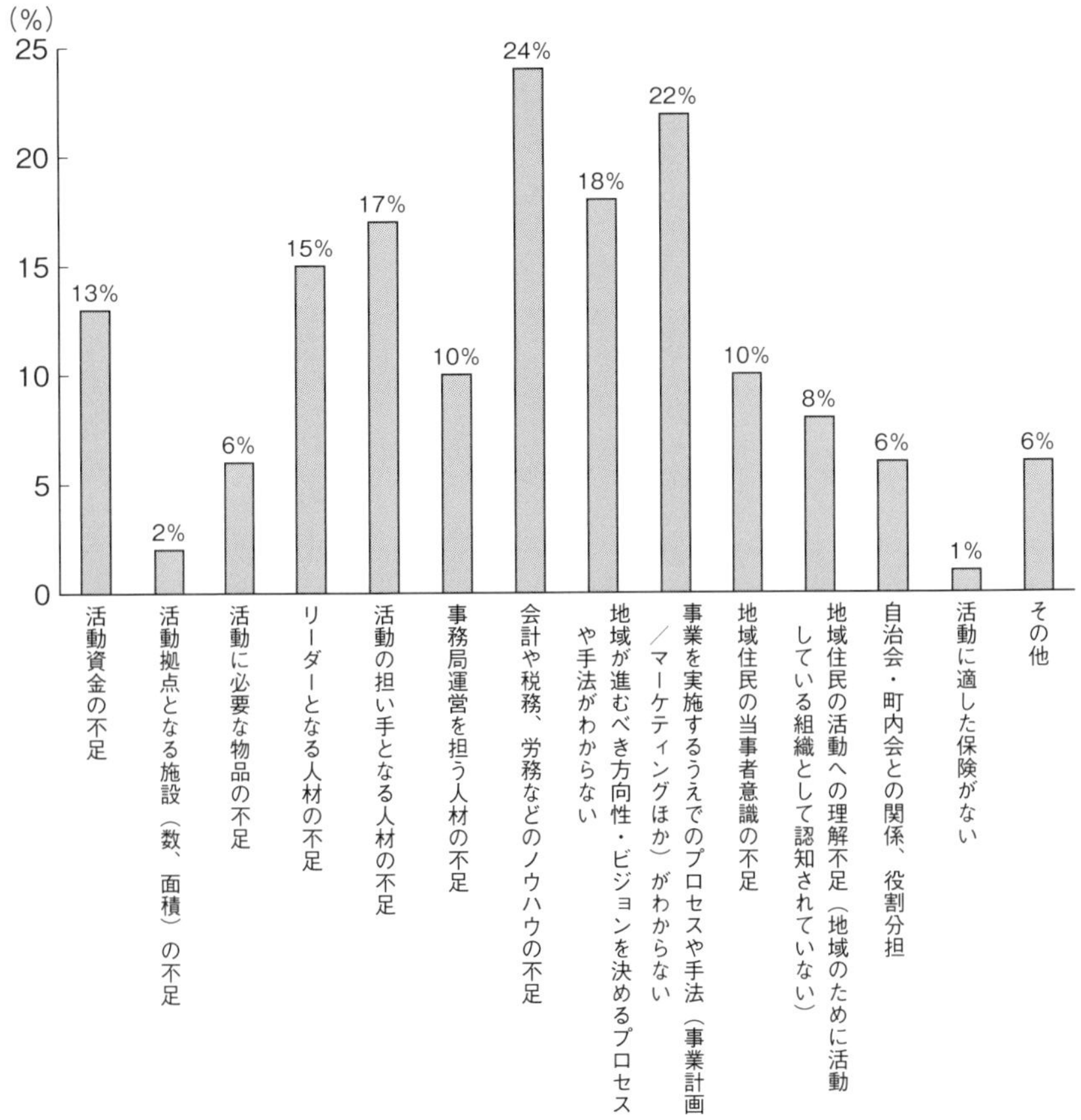

図6　地域運営組織が課題解決にあたり、専門家からの支援を期待するもの（複数選択可）
（総務省の2015年アンケート調査から）

(2) 多様な人材の確保

組織の持続化のためには世代交代ができる「人材群」（複数型リーダー）の形成が必要である。そのためには先述したように、公民館との連携がたいへん重要な役割を果たす。地域運営組織が活発な活動をしている地域は、じつは公民館が従来から活発な活動をしている地域とほぼ重なり合う。山形県川西町や島根県雲南市もそうだが、もっとも典型的なのは長野県飯田市ではないだろうか（本書47頁・128頁参照）。飯田市は戦後の公民館運動の拠点の一つであり、一方で地域運営組織の活動も活発である。なぜそうなのか私もたいへん興味を持ちながら調査しているが、公民館はなんといっても多世代が活躍する場であり、さまざまな世代がそこで集っているということが、地域運営組織の活動にとっても大きなプラスになると認識している。農業をはじめとする産業的な組織から出発すると、どうしても年長の男性のボス支配に陥りがちで、そのために後継者が生まれず、その人が高齢化するまでずっとリーダーのままというのがよく見られる。それに対して、公民館組織から出発すると、対極的に多世代のネットワークが形成され、リーダーはボス型にならないし、世代交代もスムーズにできる傾向が見られる。

当然、移住者の積極的雇用にも可能性はあるし、総務省のアンケート結果を見ると、会計・税務・労務は専門家の外部サポートが必要とされている（図6）。

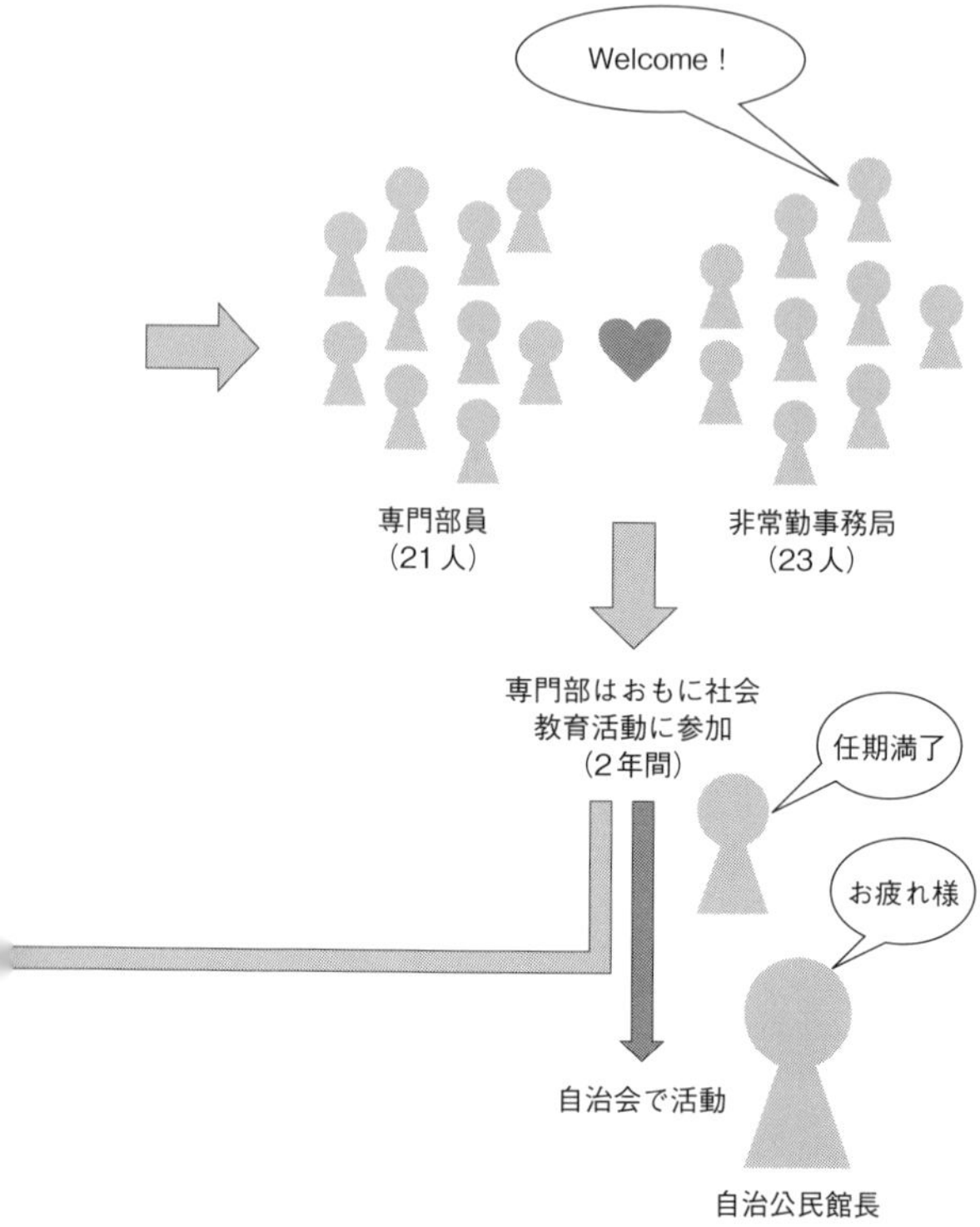

（きらりよしじま・髙橋由和氏の有識者会議提出資料より）

川西町吉島地区の著名な地域運営組織であるNPO法人きらりよしじまネットワークには明確な人材育成システムがある。簡単にふれると、若者が部会に参加して専門部員として2年間おもに社会教育活動に参加し、任期を終わったらスタッフがスカウトし、事務局の研修生となる（図7）。事務局研修生のバッチをもらえることが非常に高いステイタスになっている。喜々として研修生として活躍し、しばらくすると正事務局員になるという階梯が見事に用意されている。こんな活動のプロセス、

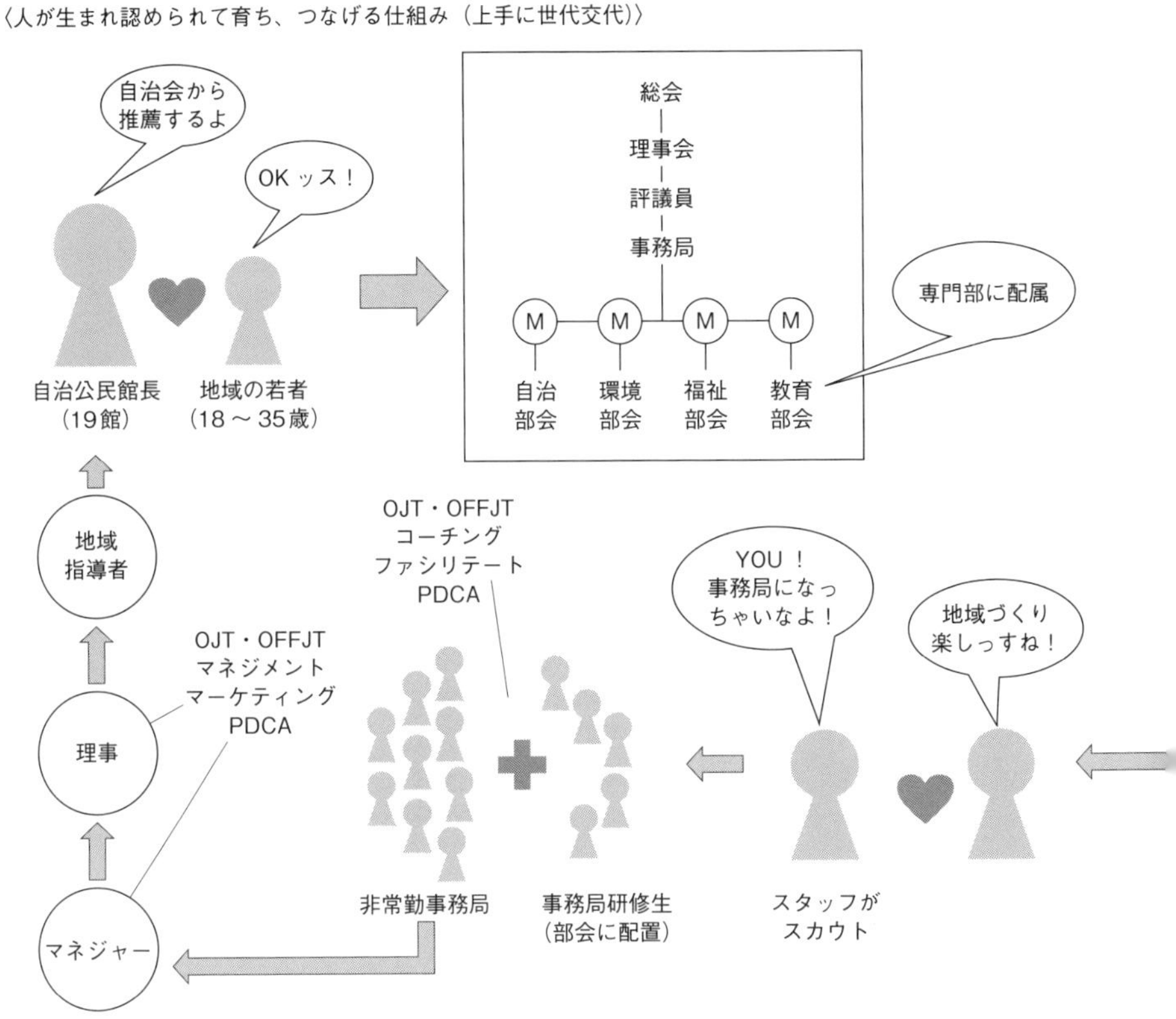

図7　NPO法人きらりよしじまネットワークの人材育成システムは活動を通じてのOJTの「かかわりの階段」

つまりOJT（オン・ザ・ジョブ・トレーニング）の「かかわりの階段」をつくっていくことも必要なのではないか。

(3) 段階的発展のプロセス認識

このように段階的なプロセスを認識するということは人材育成だけでなく、組織自体でもまったく同じだと考えられる。川西町や雲南市のような地域運営組織の立派な活動は、一朝一夕にできたものではない。たとえば広島県安芸高田市の川根地域振興協議会は早くから多角的で機動的な組織として注目されているが、設立からすでに四十数年を経ている。そして、その展開は、まさに段階的である（図8）。その代表者である辻駒健二氏は、こう述べている。

「できることから、身の丈にあった活動を絶え間なくコツコツと

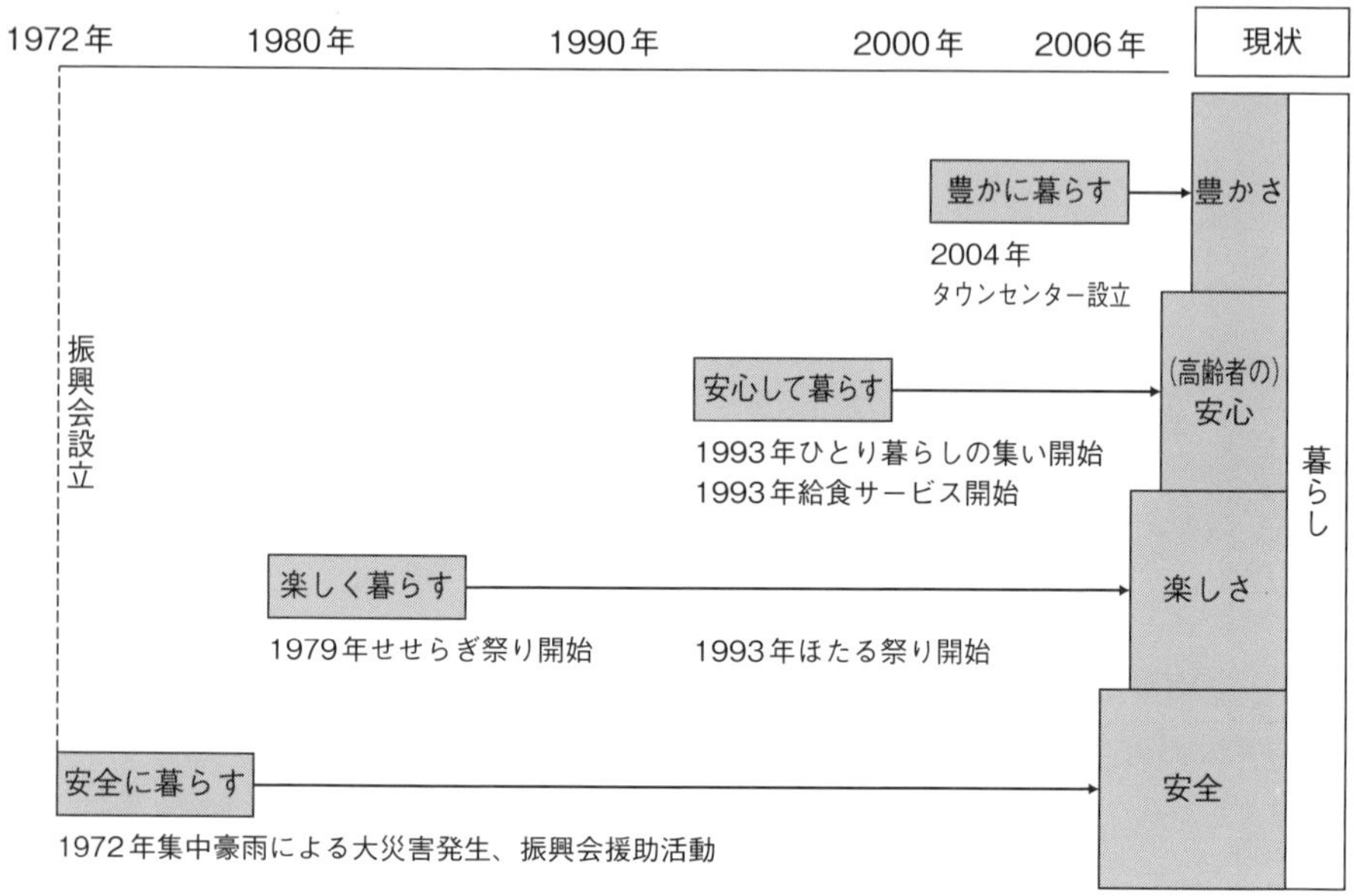

図8　段階的発展のプロセス認識(広島県安芸高田市川根地域振興協議会からのモデル化)

やっていく。その中からできたこと、始めたことへの愛着、誇り、生きがいが少しずつ生まれてくる。私たちの活動はそれを繰り返してきたにすぎません」

まさにこのような積み重ねが必要なのだと思う。

(4) 適切な法人格の整備と法人化

地域運営組織の法人格の問題では、重要な前提となる二つの話がある。

一つは、この法人格問題に10年くらい前から関心を持って追いかけてきたが、数年前までは現場に行くと、近くに行くと逃げてしまう「逃げ水」のように「法人格など必要ない」という回答が返ってきていた。しかし現実に雇用を生み出す、そして経済的規模が拡大して融資を受けるという段階に入った今では法人格は現実的な問題である。もう一つは、先に強調した多様性に対応できる法人格の検討が必要だということだ。

有識者会議では三つの方向での議論が進められてきた。一つは「住民主導型NPO」。さらに少し踏み込んだ表現をすれば「地域限定型NPO」。NPOは従来、活動を狭い範囲に限定することは困難だと言われきたが、けっしてそうではないことが内閣府によって明確化されている。いくつか条件はあるが、その条件については「内閣府NPOホームページ」に「NPO法Q&A」としてその方向性が新たに示されているので、関心のある方は参照されたい。

二つ目は「社会的利益追求を目的とした営利法人（分離型）。株式会社は定款変更ができる組織だが、定款変更ができない、いわば「ミッション・ロック」の株式会社。そのためには株式会社法それ自体を改正する必要があり、現在経産省の検討会で議論されている。「地域づくりのために定款変更ができない株式会社的な法人」に向けて、今後法改正の準備がなされるのだろうと思う。

そして三つ目は、「地縁型組織のための機動的法人格」。地方自治法上の認可地縁団体をより機動的なものにするかどうかで多様な意見が分かれた。機動的にするのならNPOでよいのではないかという意見もあり、一方では認可地方団体の機動化が必要だという議論もあった。認可地縁団体は1991年の地方自治法改正で、いわゆる町内会の法人化の必要性の中で出てきたが、監査等のガバナンスにかかる仕組みは必ずしも整えられていなかった。最終報告では、法人格を検討する際の留意点として設立目的や構成員、地域代表制、ガバナンスについて示した。争点は、第1に、そもそも新しい組織が必要なのか、今の認可地縁団体という仕組みの中でそれぞれが監査の仕組みを持ったりすることでいいのではないかという点。第2に、もし新たな法人格が必要であれば、地方自治法上に新しい仕組みをつくるのか、別の立法の中で新しい組織をつくるのかにある。こうしたいくつかの争点を持つ議論が今後もなされていくと思う。

法人格をめぐっては、残された議論もある。法人格そのものも重要だが、「分離型」と表現した地域運営組織の連携のビジネスモデル化も必要だ。たとえば岡山県津山市の旧阿波村では、「あば村運営協議会」が母体となって、ＮＰＯ、一般社団法人、合同会社（ＬＬＣ）が生まれている（図9）。つまり、母体的な組織から三つの法人が切り出されており、地域運営組織というより「地域運営ネットワーク」と呼ぶべき実態となっている。これをどのように束ねるのかという意味で、この連携モデルのあり方についても同様に課題である。

法人格としては、協同組合に大きな可能性があると個人的には思っているが、会議では深まっていない。税制上のメリット措置もチャレンジすべきところだが、国全体の税制にかかわることでもあり、この点には大きなハードルがあって、法人の税制、寄付者の税制の検討は展望が見えていない。

〈構成メンバー・団体〉

- 連合町内会阿波支部
- 同上女性部
- 子ども会・老人クラブ　他
- 津山市阿波支所（オブザーバー）

- NPOエコビレッジあば
- 社協阿波保健福祉センター
- シルバー人材センター
- あばボランテアの会
- あば消費者の会

- あばグリーン公社
- 各加工グループ
- 合同会社あば村
- 津山市新産業創出課・農業振興課（オブザーバー）

- 合同会社あば村
- あばグリーン公社
- 津山市森林課（オブザーバー）

- あばグリーン公社
- あばファンクラブ
- あば観光会

地域内諸組織との連携という点では、先述した公民館の他に、ＪＡとの連携をどうしていくのかということが大きな課題として存在している。支店単位の「くらしの活動」に連携の可能性があるし、経済的活動（特産品販売）のサポートにＪＡの役割を期待したい。むしろ、連携しないのは不自然であるとさえ思う。

Ⅵ　地域運営組織の可能性を広げる

「公共領域」の拡大（下からの正統性確保）

ここまでは地域運営組織を設立し、発展させるためにどんなサポートがあり、どんな課題があるのか、実践に近いことについて述べてきたが、最後に少し理念的なことについて深めたい。

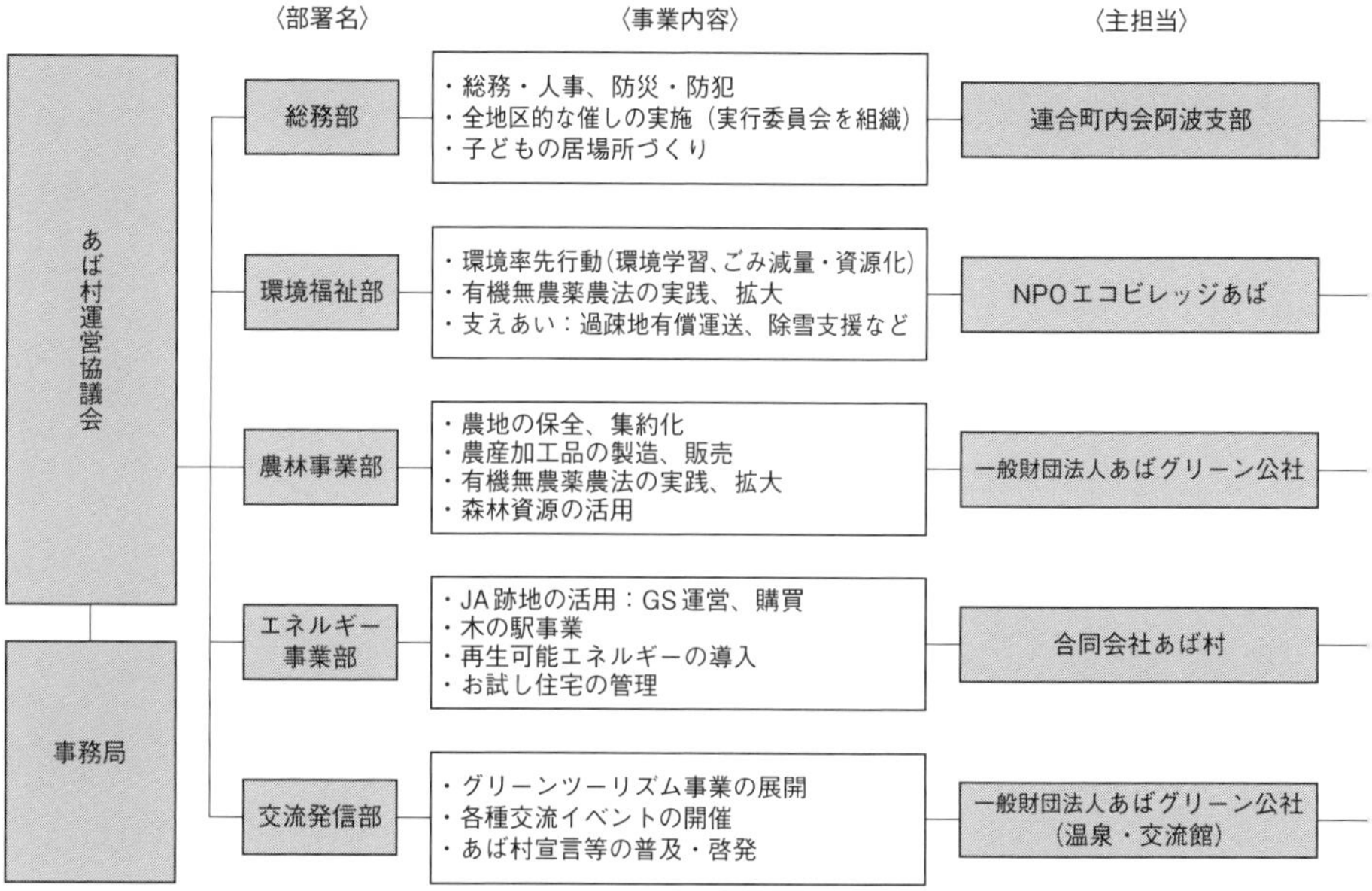

図9　複数法人・組織の連携の仕組み事例（津山市旧阿波村・あば村運営協議会組織図）

地域運営組織の役割と行政の役割をモデル化したのが、次頁の図10である。ここにある「小さな政府型」のように、公共領域から行政が撤退し、地域運営組織がその肩代わりを一方的に押し付けられるかのようなモデルが示されることがしばしばある。「地域運営組織は、市町村にとって小さな組織、小さな政府を実現するためのものだ」と。しかし本来の地域運営組織はそうではなく、あえて「公共領域の拡大型」としているが、地域運営組織自体の拡大にともなって、全体の公共領域、公共空間が拡大するようなものであるべきだと考える。そうでなければ、地域にはやらされ感が蓄積することになる。

その点で感銘を受けたのは、新潟県糸魚川市の上南地区地域づくり協議会である。無償だとお年寄りが遠慮して困りごとを出してこないので、なんでも100円でするという生活支援チーム「なんでも屋さん」をつくっていた。なかでももっとも活発なのが「包丁研ぎ」活動で、年間200丁以上も包丁を研いでいる。大きな課題ではなく、具体的な身の回りある「小さな困りごと」を発掘し、かかわっていくことがじつは地域運営組織の第一歩となり、行政の領域を縮小させずに公共領域の拡大につながっていくのではないか。

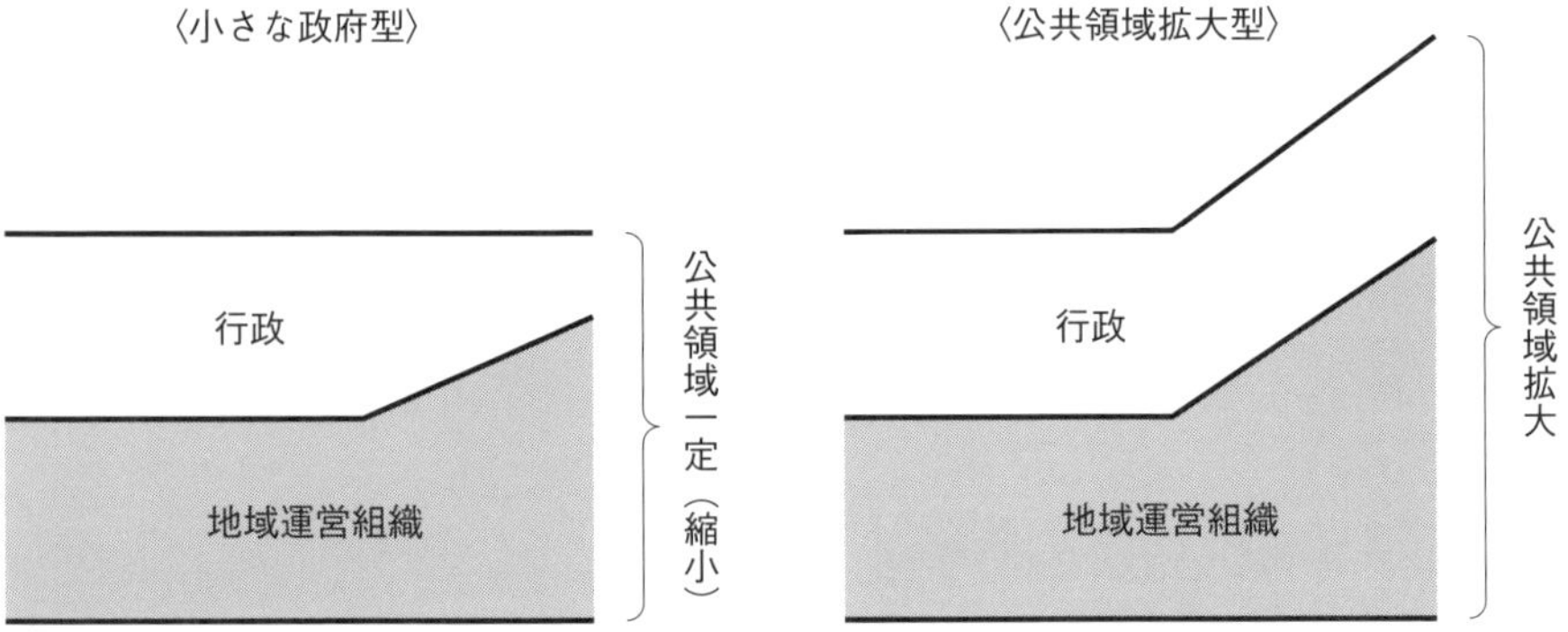

図10　地域運営組織の役割と行政の役割

地域代表性の確保（上からの正統性の強化）

もう一つ考えるべきは、地域代表性の確保である。一括交付金を出すにしても、職員を派遣するにしても行政からは正統性が必要である。そのためには市町村の認定という仕組みが考えられる。先の公共空間の拡大が下からの正統性の確保だとすれば、上からの正統性の確保として、条例等による規定が有効だと考えられる。上からの正統性の強化と下からの正統性の確保によって、理念的にも地域運営組織は支えられていくのだと思う。

Ⅶ　おわりに
——「太陽路線」の地方創生を

あらためて振り返れば、２０１４年5月に発表された「地方消滅論」については、すでに多くの批判があり、説得的なものではないことは明らかである。それにもかかわらず、この議論にシンパシーを持つ人々がいるのは、消滅というショックが、地域の危機意識を生み出し、再生への転機となるという期待があるからであろう。

たしかに、永田町や霞が関ではその戦略は成功したかもしれない。地方創生本部の立ち上げ（２０１４年9月）、地方創生法成立（同11月）、地方創生総合戦略の閣議決定（同12月）という淀みない流れは、その起点の地方消滅論なしにはあり得なかったであろう。

しかし、地域では、このショック療法は成功していない。いやむしろ再生の途に重大な負の影響を与えているとしても過言ではない。なぜならば、過疎地域や農山村の現場レベルで、いま必要なことは、なによりも「諦観からの脱却」である。人口減少とともに進みつつある空き家や耕作放棄地の増加の中で、人々はときとして諦めてしまうこともある。そのような気持ちを地域内に拡げないことが、地方創生のスタートラインである。行政や支援組織、そして住民自体がそのため日々闘っている。

そうしたときに、市町村を名指しして、将来的可能性を「消滅」と断じることは、それに水を差すことにならなかったであろうか。必要なことは、地域に寄り添いながら、「あの空き屋なら、まだ移住者が入れる」「あそこの子供は戻ってきそうだ」などと、具体的に地域の可能性を展望することであろう。つまり、「可能性の共有化」こそが「諦観からの脱却」の具体策であり、地方創生はこうした取り組みの延長線上に見えてくるものである。

それは、あたかもイソップ童話の旅人をめぐる「北風と太陽」の逸話のようである。つまり、消滅という北からの暴風を吹かせて、地域に取り返しのつかないダメージを与えてしまうのか、そうではなく、地域の可能性を太陽のように温かく見つめて、地域に向き合うかである。

ここで論じた地域運営組織は、太陽路線の中でこそ実現できるものであり、つまりいま、求められている地方創生の「本丸」であることを確認して話を閉じたい。

（注）本稿は２０１６年7月23日に開催された特定非営利活動法人中山間地域フォーラム設立10周年記念シンポジウム「進化する地域運営組織！――『地方創生』の次なる焦点」における小田切徳美氏の本稿と同題の基調講演の記録をベースに、２０１６年12月の「地域の課題解決のための地域運営組織に関する有識者会議」最終報告を踏まえて小田切氏に加筆いただいたものです（編集部）。

島根県雲南市における地域自主組織と小規模多機能自治の歩み

雲南市政策企画部地域振興課企画官　板持周治

はじめに――小さな範囲で自ら自治を担う

近年、小規模多機能自治が全国的に注目されている。この言葉の発信源は雲南市だが、名づけ親はＩＩＨＯＥ（人と組織と地球のための国際研究所）代表者川北秀人さんである。

それは２０１２（平成24）年秋のことであった。それまでも川北さんには指導助言をいただいていたが、他自治体の市職員、ＮＰＯ法人の方など何人かの興味ある方々を連れて来市され、地域活動の現場を深く視察いただいた際に、自分たちの地域を自分たちが担い手となって活動する仕組みは、少子多老化社会を迎えつつある中、全国各地で必要になってくるはずであるとのことから、全国的に学ぶ場をつくろうと発案されたのが「小規模多機能自治を学ぶ雲南の集い」、通称「雲南ゼミ」である。小さな範囲で地域に応じたさまざまな機能を担い、自分たちで自ら地域の自治を担う仕組みを小規模多機能自治という言葉で表現したのがきっかけであった。以降、毎年春と秋の年2回開催しており、輩出した全国各地のゼミ生は１００名以上に及んでいる。それからまだ5年しか経過していないが、現在では全国的にこの言葉の意味が浸透し、広く使われるようになってきた。川北さんの熱意と実行力がなければここまで浸透し、全国に影響を及ぼすことはなかったであろうと考えられ、その先見の明に深く敬意を表したい。

最近は人口減・超高齢化社会への危惧からこうした仕組みが着目されているが、それはきっかけにすぎず、この仕組みの意義は、自治力の回復にある。そしてその結果、自治の構造そのものにも影響を及ぼすとともに、自分たちの地域に愛着や誇りを持って暮らし続けることができる地域社会の構築、すなわち地域のブランド化につながってくる。こうしたことを雲南市のこれまでの歩みを紐解きながら、その意義に触れてみたい。

雲南市のこれまでの歩み
――地域自主組織で自治力向上

雲南市は、2004年の平成の大合併をきっかけに6町村で新設合併して誕生した。現在の仕組みは、当時の合併協議会において住民自治・コミュニティの今後のあり方についてプロジェクトチームを組織して検討したのが始まりであった。合併前の各町村では、一部を除きほとんどで自治会を基軸に連合自治会などが組織され、コミュニティの基盤を形成していた。一方で各集落の状況を見てみると、すでに独居高齢者のみの世帯、高齢者のみの世帯が増加し、農村部では世帯数も減少しつつあるなど、さらに人口減・高齢化の進行が予測される中、従来の枠組みのみでこれからの住民自治を担っていくのは困難になってくると推察された。また、住民自治を担っているのは自治会だけではなく、消防団やサークルといった目的型の組織、あるいはPTAや女性の会、高齢者の会など属性型の組織がある。同じ地域の一員としてこれらの多種多様な団体が地縁性の高い一定の区域、つまりおおむね小学校区で連携し、相互に補完し合うことにより相乗効果を発揮し、地域力を高めていこうと発案したのが地域自主組織というものであった。そして、合併協議会を経て決定され、雲南市発足後、これにもとづいて着実に歩みを進めてきた。その後の経過は、第1ステージから第3ステージに分けることができる。

なお、考え方の基底をなすものは「市民が主役」で

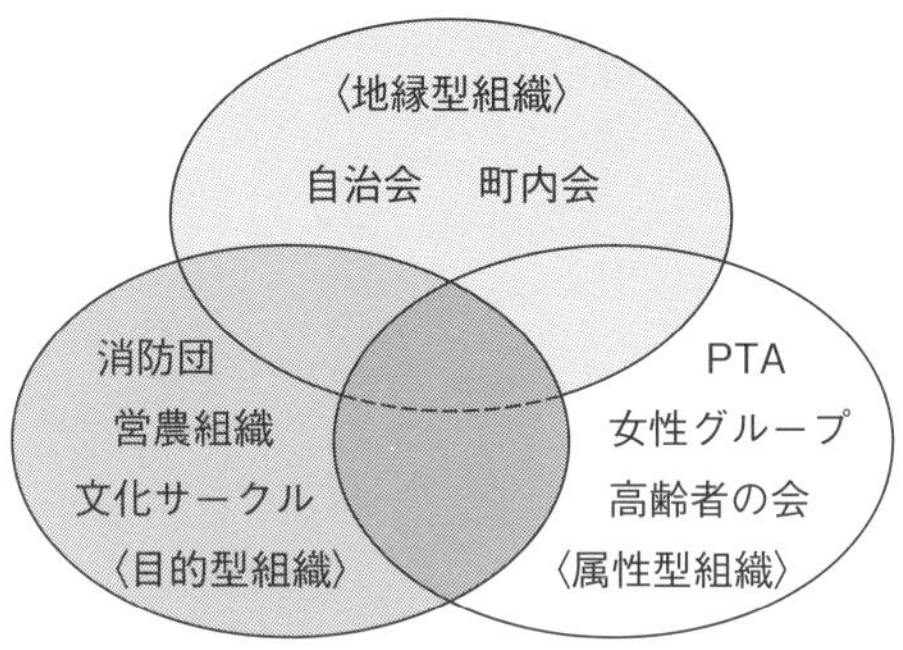
おおむね小学校区域であらゆる団体が結集

図1　多種多様な団体が地域で連携し、相互に補完することにより、相乗効果を発揮し、地域力を高める

あり、これからは「協働」をまちづくりの基盤に据えようとするものである。

第１ステージ
――組織と基盤の形成期

この段階は、組織と拠点の形成期を指す。つまり基礎的な基盤整備の段階である。

まず組織形成にあたっては、雲南市が描く構想、組織モデルを住民に説明し、どの地域にも公民館があったため、ここを中心にまずは準備委員会を結成した。すでに合併後のまちづくりを描いた「新市建設計画」にこの構想が盛り込まれていたことから、この段階までは比較的円滑に進めることができた。この準備委員会で話し合い、視察・研修を重ねて、会則などが整ったところから順次設立総会が開催された。この段階では、市役所の支所機能を有する総合センターの職員が中心となって積極的に会議に同席し、話し合いを支援している。協議が整った地域から順次設立され、２００５年から２００７年の2年半で市内すべての地域で地域自主組織が結成された（当初は44組織。現在30組織）。協働を基底に据えた構想で、合併協議会で合意形成がなされていたことが比較的円滑な組織形成ができた要因であった。

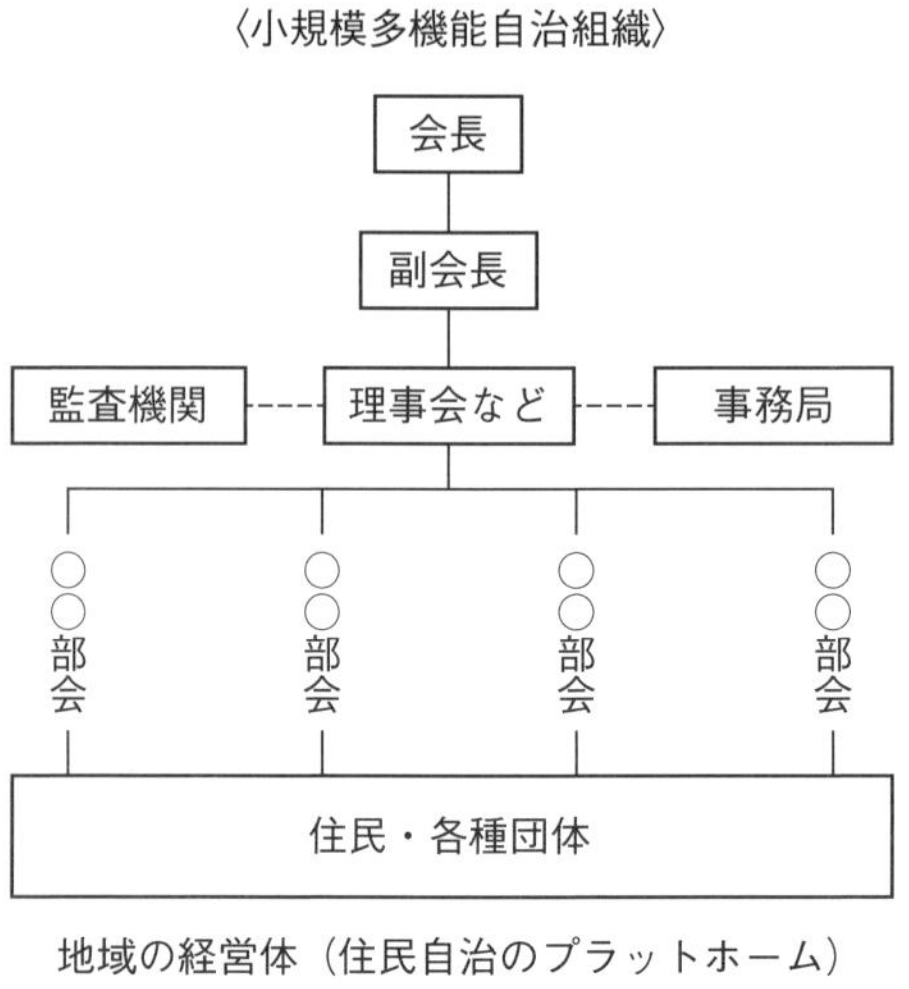

図2　地域の総力を結集し、地域課題を自ら解決！

　組織が結成されると、次に必要なのは拠点施設である。合併協議の段階からすでに拠点施設を設けることは描かれていたが、その方向性を具体的にするため、２００７年に地域自主組織の方々、専門家の方々などによる検討委員会を立ち上げ、とりまとめた。この中で導き出されたのが、公民館を交流センターに転換すること、地域づくり、地域福祉、生涯学習の３本柱を

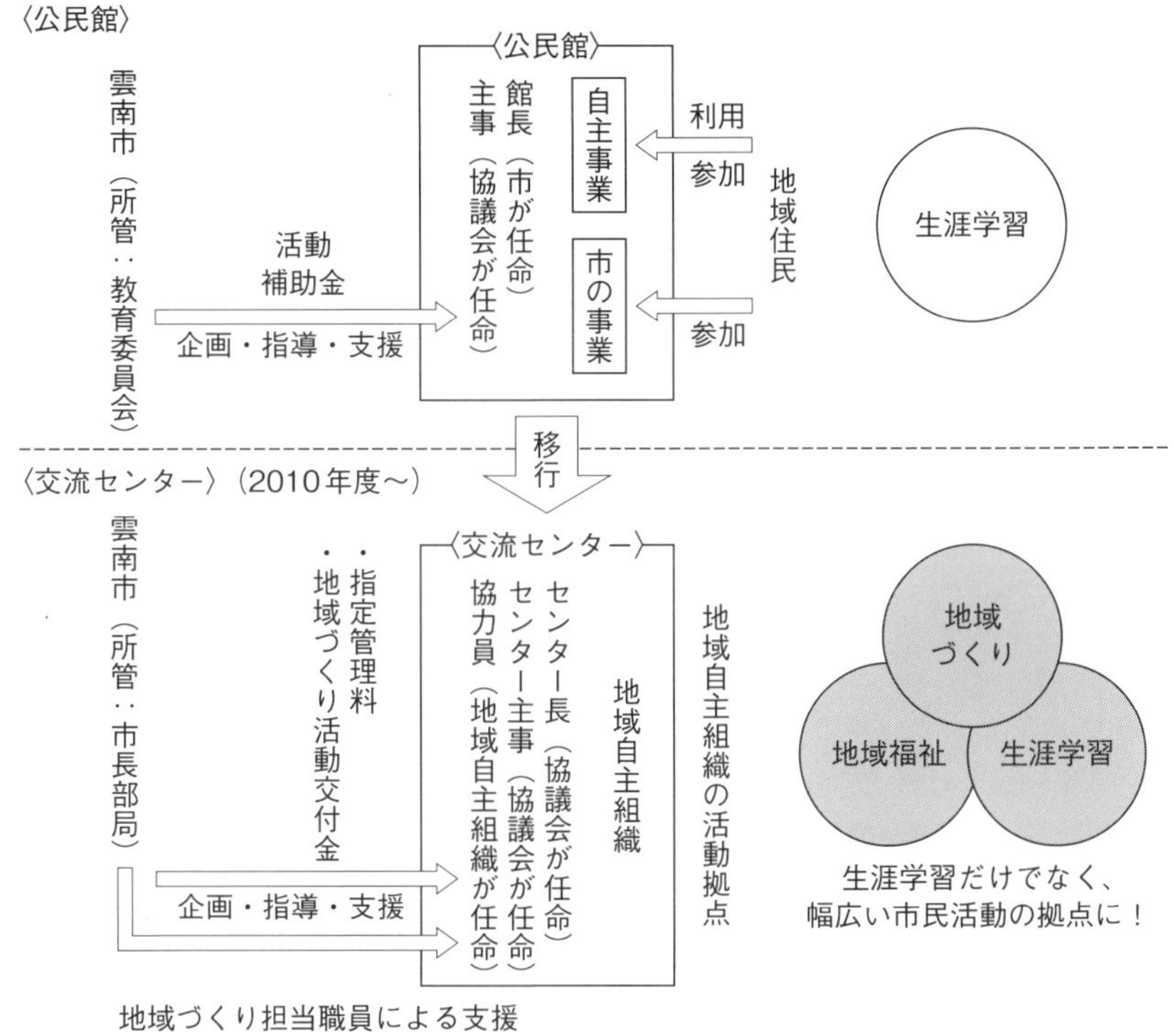

図3　公民館から交流センターへ、活動拠点の整備

中心に活動を展開していくことなどであった。

この方向性にもとづき、２００８年度に公民館を転換する方向性を市として打ち出し、各地域で説明会をくり返したが、公民館という形態がかなり地域に浸透しており、強い反発意見も各地から受けた。こうした状況に対し、当時の担当者は毎日のように各地域に出向き、懇親会にも参加するなどし、質疑はいったん持ち帰ってでも必ず答えるなどして粘り強く対話をくり返した。そして、市議会へ公民館条例の廃止と交流センター条例の制定議案を上程することになったが、公民館活動が活発であったところほど反発は強く、もう少し市民周知をしてから移行すべきとの市議会の意見をふまえ、条例施行まで1年間の猶予期間を設け、２０１０年度から交流センターに転換した。この段階の成功要因として、対話による人と人との信頼関係の構築、

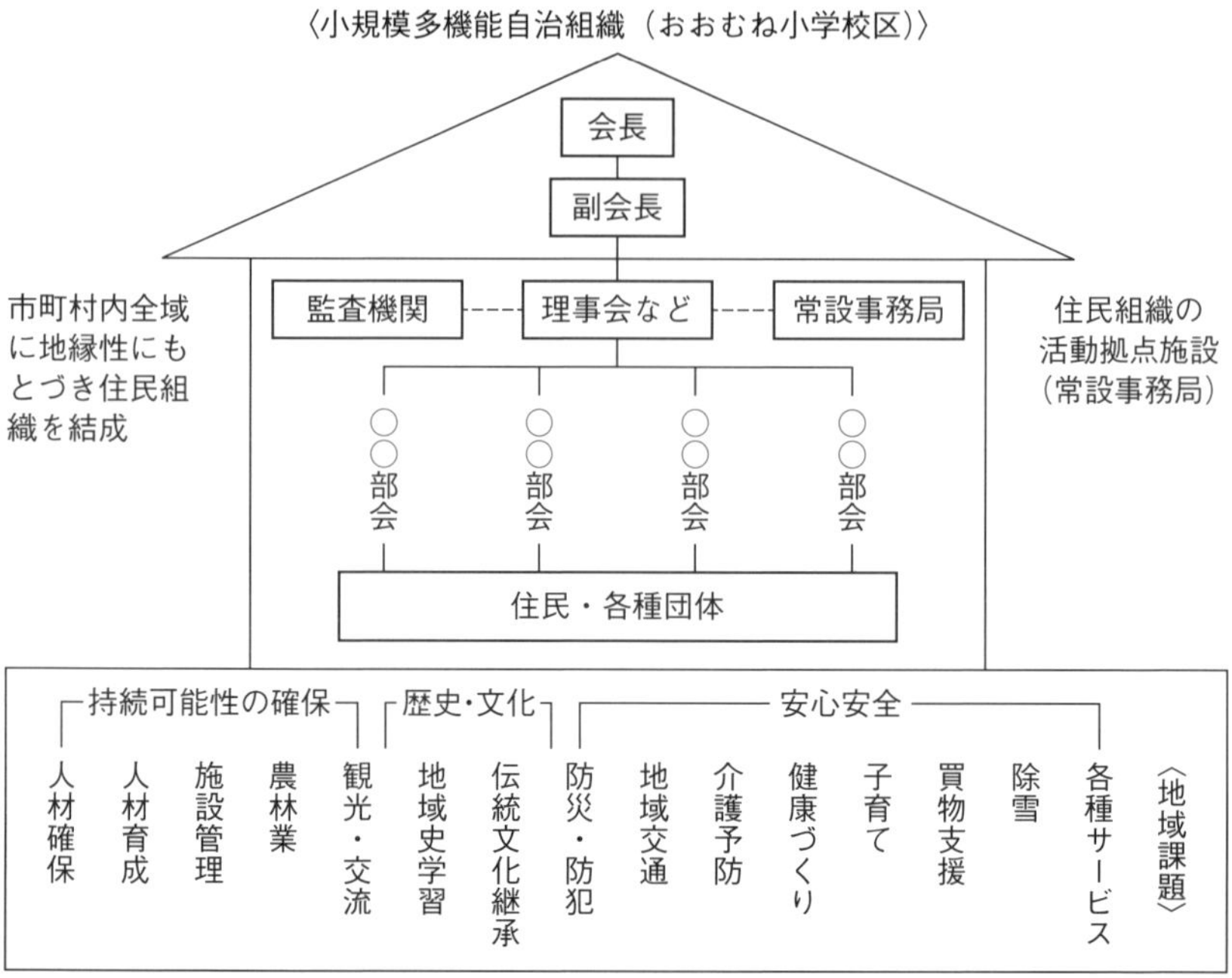

図4　地域課題を住民自ら事業化して解決！

市長を含めたぶれない方針があげられる。

さらにそれまでの補助金方式を徐々に交付金方式に転換し、より自由度の高いものに変えていくとともに、各総合センターに地域づくり担当職員を配置し、人的支援体制を構築した。交流センターへの転換の意義は、けっして公民館活動を否定しようとするものではなく、地域自主組織の活動拠点に据えたということであり、生涯学習を含む幅広い市民活動が展開できる状態にしたという点にある。この拠点施設の整備などの基盤整備により、地域自主組織の活動は活発化し、多様な事例が発現するようになった。ふり返ってみると、組織だけではなく拠点施設があることは活発な活動を生むために非常に重要なことであった。

第2ステージ
——制度の検証と制度改正による活動基盤の強化

第2ステージは、制度全般の検証と大幅な制度改正による活動基盤の強化の段階である。そのきっかけは、公民館を交流センター化する際に、3年後に検証することを約束して転換したことによる。その焦点の中心は生涯学習の状況であった。

検証にあたっては、まず検証体制を構築し、現場実態について当事者との対話をくり返し、課題とその対策を考えることとした。対話に力点を置いたのは、課題の本質を明らかにし、当事者の視点で考えようとしたからである。よりよいものにしていくためには、たとえ自分たちにとって不都合な意見であっても、真摯に受け止め、その解決策を考え抜かなければならない。このときの経験は現在の市政運営にも大きく影響している。

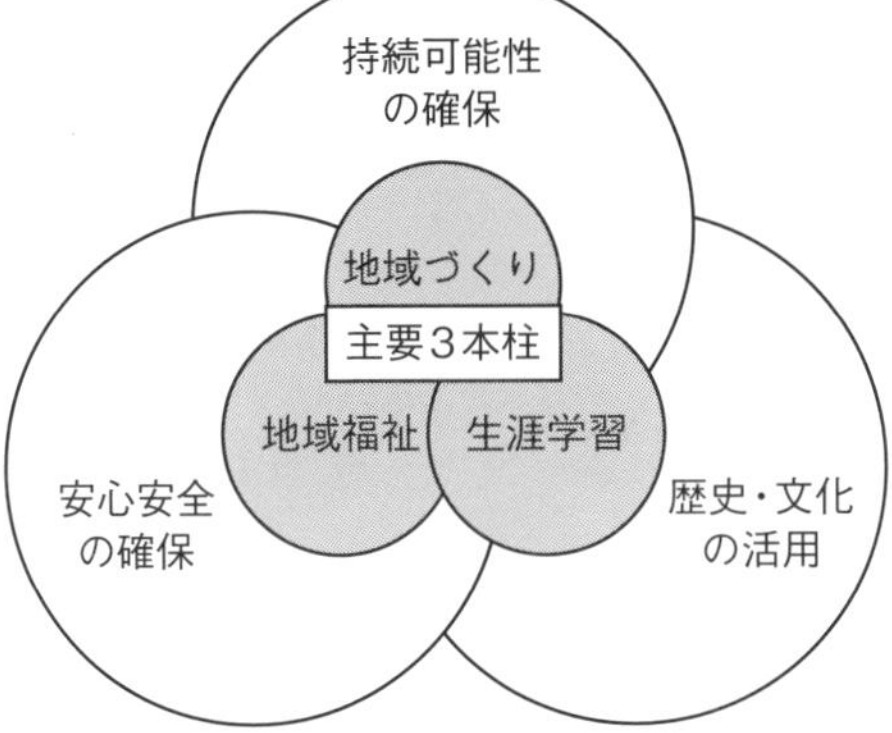

図5　共通の視点と主要3本柱

検証にあたっては、検証前の時点で課題や対応策をまずは仮説として自ら考えておき、実際の当事者との対話機会に狙いを持った質問を投げかけることにより、本質的な課題がより把握しやすいようにした。その年の4月に体制を構築し、5月からはすべての地域自主組織を巡回し、まずは課題を明らかにし、次には課題のまとめと方向性を案として提示し、それに対する意見をふまえて修正し、具体的な対策を打ち出していくという数段階のステップを踏んだ。

結果として、直接雇用方式の導入、地域福祉体制の見直し、共通の3本柱（地域づくり、地域福祉、生涯学習）の見直し、地域委員会の発展的解消と地域円卓会議方式の導入など、かなり大胆かつ大幅な制度改正をおよそ半年間で導き出し、翌年度から実行するに至った。

公民館を転換して生涯学習の状況がどのように変化したのかが着目されたが、9割以上の地域で活動の参加者数が以前より増えた、あるいは活動の質が以前より上がったとの意見が聞かれ、引き続き公民館ではない形態で進めていくことに問題はないと確認することができた。

また、市政への意見を得るために市民参画により設置した地域委員会の発展的解消については、地域自主組織の活動が活発化してくると、実行機能だけではなく協議機能も高まり、協議機能として設置した地域委員会の役割が相対的に低下してきたことから、これを解消し、地域円卓会議方式により、より協働を発展させようとするに至った。

こうした過程を通じて学んだのは、当事者の立場に立って物事を考えることの重要性と潜在的な市民力の高さである。よく、雲南市の市民力は以前から高かったのではないかと聞かれることがあるが、そうしたことではなく、異なるとすれば、その市民力が発揮しやすい状態かどうかという点ではないかと考える。

地域円卓会議

こうした大幅な制度改正にあたり、とくに直接雇用方式の導入にあたっては、会長の責任が増加するという不安もあったことから、何か問題が生じたとしても市は全面的に支えていくという趣旨の署名入りの市長メッセージを送ることにより不安の払拭を図った。

これにより、地域主体で地域の課題に対処できる体制が実質的に整い、さらに活発な活動ができる状態となった。その結果生じてきたのは、〝行政がやってくれない〟という意見から〝行政はやらせてくれない〟という意識の変化と、自治会との関係性のあり方である。

第3ステージ
——地域自主組織と市との間で基本協定書締結

この段階は、対等な関係性にもとづき、協働のまちづくりを担える状態を確固たるものにすることである。具体的には、公共サービスを担いたいという地域には担いやすいようにすること、そして地域の窓口を明確にするというものである。地域自主組織の活動が活発になればなるほど、実行機能に加え協議機能も高まってきた。その結果、以前は地域の主役が自治会連合会であったが、徐々に各町の自治会連合会がなくなり、市全体の自治会連合会も組織していたが、会議をしようにも出てくる対象者がいなくなってきた。地域のことを協議するうえで、こうした母体は非常に重要であり、地域との協議窓口を明確にすることは市政運営上も重要である。

ただし、住民自治に関することであるため、その当事者で考えるべきことであるという基本的スタンスのもと、市も一緒になって協議の場を設け、２０１４年2月から1年半をかけてほぼ毎月話し合いを重ね、結果的に各地域自主組織と市との間で２０１５年11月に基本協定書を締結するに至った。もう話し合う必要はないと思われた段階で具体的な案文を提示したが、これは最初から条文を協議した場合には、往々にして文章表現の方法など技術的部分ばかりに着眼しがちで、肝心な骨となる部分を考えにくくしてしまうからであった。条文にすると至ってシンプルなものではあるが、今後にとって非常に重要な意味を持っている。ポイントは、地域の窓口は地域自主組織であること、相互の役割を明確にし、公共サービスを共通業務と選択業務に分け、全市共通して担う部分とやりたい地域はできやすくしたこと、そして情報共有・協議の場を設けるということを明文化したことである。とくに、情報共有・協議の場を設けるという条文は、地域からの意見によるものではなかったが、現在の対話によるまちづくりを今後ともないがしろにしないためにも重要な条文であり、政策形成過程に市民サイドも関わっていくということが非常に重要な意味を持つ。いわば行政サイドへの牽制にもなる部分である。この基本協定書は、２０１６年度から発効しており、現在に至っている。

地域自主組織の成果と課題

成果は何かと問われると、市民が主役のまちづくりが実質的になされつつあるということであり、協働力が飛躍的に高まったということである。すでに地域が主体となった事業型の活動が行なわれるようになってきており、行政もその状況を見て、施策展開の方策を考えるようになりつつある。こうした仕組みを構築すると、本来ならば当たり前のことではあるが、市民を

小規模多機能自治推進ネットワーク会議 設立総会（2015年2月17日）

起点に考えざるを得なくなってくる。こうしたことは自治の構造に対する好影響であり、成果の一つとも言える。

内的な要因による課題としては、活動の深化と協働の拡がり、持続性の確保があげられるが、前者については対話と学び合いをくり返していけば自ずとより発現してくるであろうと考えている。後者については、子ども世代、若者世代、大人世代のチャレンジが連鎖していくよう、地方創生総合戦略計画に据えて現在取り組んでいるところである。

外的な要因による課題としては、現在ほとんどが任意団体で活動しており、適する法人制度の創設が求められている。こうしたことから、さまざまな課題への対応策をともに考え、全国的に普及推進していくための全国組織として小規模多機能自治推進ネットワーク会議を２０１５年２月に立ち上げ、雲南市が代表、事務局を務めて取り組んでいるところである（２０１７年12月13日現在会員数２７６）。

２０１６年１月には、地方創生担当大臣、総務大臣宛てに全国１２１自治体の賛同のもとで法人制度の創設を求める提言書を提出した。これをきっかけに内閣府で有識者会議が設置され、２０１６年12月には最終

memo

●活動範囲	おおむね小学校区（多くは昭和の大合併以前の町村の単位に相当）
●活動を担うメンバー数	事務局体制は常勤1～2名、非常勤数名で地域によって異なる
●各組織の年間予算規模	平均でおよそ1200万円（一般会計）。このほか、指定管理会計など特別会計あり
●各組織の財源	会費などによる自己財源と市交付金や助成金
●各組織の法人格	30組織中、認可地縁団体3、任意団体27

報告が取りまとめられ、地域運営組織、小さな拠点形成のKPIも定められ、国として本格的な取り組みが動きつつある。さらに総務省では2016年12月に地域自治組織のあり方に関する研究会が組織され、地縁型の法人制度のあり方について本格的な検討が始まった。われわれが取り組んでいる小規模多機能自治は、地域の運営だけでなく、自治も担うという性質があり、「地域自治組織」という言葉、定義の方が実態に合致している。法人制度のあり方を2014年2月に研究報告書としてとりまとめてから3年。地方発のうねりがようやく正面から受け止められてきたが、引き続き、この流れが後退することなく現場実態を高めていかなければならない。

なぜならば、自治の主人公は市民だからである。

地域の再生・希望の拠りどころ

――新しい段階へ進化する集落営農

農山村地域経済研究所主宰　楠本雅弘

Ⅰ　集落営農の現段階と浮上した諸課題

集落営農とは、本来は地域住民の合意と創意にもとづく自主的な運動であり、地域の実情に即して、長い時間をかけて多様な展開・進化の道を歩むものである。ところが、集落営農の有効性に着目した国や府県による政策的推進により、組織の設立（既存組織の改編を含む）、法人化が強力に進められ、この10年間はまさに「設立ラッシュ」というべき状況が続いた。

その中からさまざまな課題や問題点が浮上し、地域住民に寄り添って支援・助言にあたる普及職員や市町村・農協職員たちは解決を求められている。

読者に議論の材料を提供するつもりで、順不同ながら、いくつかの論点を列挙する。

国の政策目的と地域の実態との乖離

国は集落営農を「大規模・効率的経営体」の一形態としてとらえており、本来は多種・多様な集落営農のうち政策目的に合致するもののみを選別して政策的支援の対象にしている。言い換えると、国がめざす集落営農モデルを提示して、補助金や種々の支援策を手段として強力に誘導する構図になる。

そこで、二つの論点が浮上する。その一は、集落法人は「認定経営体」になることを求められ、「主たるオペレーターの所得が当該市町村の所得目標以上」をめざさねばならない。これは「集落営農の本質」と相容れない絶対矛盾である。

集落営農の本質とは、地域課題を解決するために継続される地域住民の多面的協同活動体であり、利潤追求を目的とする経営体とは異なる協同の利益（共益）を目的に活動する協同組織である。内部留保後の剰余は参画・出役《えき》に応じて多くの構成員に広く・薄く分配されるしくみである。構成員から利用権設定を受けた農地に対する地代支払を含めると組織の総収入の約半分を地域に還元することによって、地域住民の暮らしを支えている。

このような本質を組織原理とする協同組織を、特定のオペレーターに労働報酬を集中分配する経営改善計画を持った経営体に改編させることは、組織リーダーを混乱させ、支援にあたる関係職員たちを苦悩させる。法人化が進まない、あるいは躊躇させる主因となっている。

その二は、本来集落営農は多分野の協同活動組織であるのに、その中から「大規模かつ効率的農業生産」機能のみを切り分けて政策支援の対象としている点である。

集落営農組織が集落（地域）ビジョンの実践組織であるという本質を壊しかねず、ましてや中山間地域や兼業深化地域の活性化には無効である。

府県および市町村間の推進姿勢の差異

府県間および同一府県内の市町村間の集落営農支援の姿勢に大きな差異があることを痛感する。すなわち、集落営農に対する理解・認識・評価に大きな差異があり、そのことが支援姿勢の差異を生み、結果として農山村地域の活性度に大きな差が生じている。

集落営農（大分県などは集楽栄農を標語に掲げる）の大きな可能性を理解せず、あるいは否定して旧来の個別経営拡大路線に執着している府県と、集落営農こそ地域の再生・活性化の切り札であると認識して普及・支援している府県とでは、とりわけ中山間地域の活性度に大きな差異を生じている。これは市町村相互の間でも同様である。

この問題は、普及職員の集落営農への関与のあり方にもつながってくる。昨今、世代交代が進んで、経験豊かな旧生改普及員やベテランが現場を離れている。集落営農の推進には地域の社会・経済・生活・文化と丸ごと切り結ぶ必要があり、花・野菜・果樹・畜産と専門分化して「技術者」となっている若手には荷が重い。結果として、一部の部署の特定の職員しか関与していない府県と、「縦割り」を克服して組織の全員で取り組んでいる府県とでは大きな差異を生じている。

県職員以上の実務経験を持つ熱心な市町村職員（10～20法人の設立にかかわり、地元法人の事務局もつとめる）がいる市町村とそうでない市町村、熱心な農協と冷淡な農協との間でも地域の活性度には大きな差が生じる。

主体はあくまでも住民である。普及職員は自分たちだけで地域を動かそうと考えず、市町村や農協職員が同調・協働するよう仕向け「地域が動き出す」ようになるためのコーディネーターの役割を期待したい。

Ⅱ　１００年続けられる組織をめざして
――全国の注目すべき取り組みに学ぶ

集落営農組織が直面する最大の問題は、役員および構成員の「世代交代」である。「１００年続けられる組織」とは、ズバリ、役員（リーダー）と構成員が次々とバトンをつないで世代交代していける組織である。（もうひとつの条件である資本の再生産条件については論述が詳細になるので別論に譲る）。

優れたリーダーも不死身ではなく、また特定のリーダーが長く統率を続けると後任が育たない。構成員が高齢化しても後継ぎ世代が参加しないと弱体化してしまう。全国どの組織にも共通する課題である。

ここで提示することは、各地の実例に学び示唆を得てまとめたものである。

新しい組織原理の導入

集落営農法人の設立にあたって、あるいは設立後3～5年経過後の見直しにあたって、旧来の伝統的な組織原理（すなわち、家の連合会＝1軒から経営主１人が構成員として参加する、結果として高齢者の組織になってしまう。また、その中から選ばれる役員も高齢者だけが就任することになる）に代えて、次のような新しい組織原理を導入する。

①「家の連合会」から「人の結合体」へ。

②1軒から、経営主もその妻も、後継者もその妻も出資して構成員となる「1戸複数構成員」組織へ。そうすれば、世代交代がスムーズになる。

③役員は、30代、40代、50代、60代の各年代から複数選出し、若い世代に役を経験させる「助走期間」を設ける。

④役員に「定年制」を設けることで世代交代を進めている組織もある。

※滋賀県甲賀市水口町の(農)酒人《さこうど》ふぁーむは、役員65歳・オペレーター55歳の定年制と、組合員とその家族には80歳まで給料を払うというルールを設け、スムーズな世代交代と、希望者全員参加態勢を維持している(農文協編『事例に学ぶこれからの集落営農』73〜78頁参照)。

⑤広く人材を確保するため、「農家だけの組織」から「非農家や商工業者も参加した地域組織」へ。

※大分県別府市の山間部で由布院に近い東山地区で小学校区を単位に設立された㈱東山パレットは、設立に際し、農家だけでなく地区の全住民、地区出身で他地域に居住している人にも個人単位で構成員となるよう出資を募り、１８６人が株主となっている。「家」単位ではなく「人」単位の新しい組織(活動状況が農文協発行の『季刊地域』No.29、32〜35頁で紹介されている)。

全国各地で、このような新しい組織原理にもとづく新世代型法人が続々と誕生しつつある。

組織間連携が拓く大きな可能性

中山間地域を中心に、集落法人の組織間連携の取り組みが始まっている。表1のように経営改善と地域の活性化に大きな効果がみられ、とくにU・Iターンの後継者世代を雇用して育てる効果が期待できる。

組織間連携には次の2タイプがある。文中でとりあげていないものも含めて、表2で一覧表にまとめておく。

①5〜17法人が出資して「連合会法人」を設立する、いわば「3階建方式」。

※事例①島根県津和野町内の11の農事組合法人が出資して設立した「わくわくつわのの協同組合(中小企業等協同組合法にもとづく事業協同組合。現在の構成組織は12農事組合法人)。２０１０年1月設立。設立に至る経過や組織の内容については、拙著『進化する集落営農』(農文協、２０１０年)の２０８〜２１５頁に紹介した。

※事例②同じように事業協同組合方式による3階

表1　集落法人間連携に期待される大きな可能性

a　生産コストの大幅な低減（減価償却費の劇的削減）
b　若い人の雇用・育成
c　経営の多角化
　　多品目生産・加工・グリーンツーリズム（都市農村交流）
d　マーケティング力の強化
　　品揃え・量の確保による販売力の強化
e　大量・一括発注による生産資材の有利仕入れ
f　適期作業・技術力の向上・人材養成効果
g　町村合併・農協合併にともなって空洞化した地域・生活基盤の再構築

表2　組織間の連携による取り組み例

①集落営農法人連合体方式

名称	設立（年/月）	構成法人数	経営面積（ha）	おもな活動内容
㈱未来サポートさだ（島根県出雲市）	2013/4	8	125	・経営農地の集積 ・大型機械の共同購入・利用 ・資材の一括購入 ・新規作物の導入 ・作業受託 ・6次化（加工、産直など）の取り組み ・若手後継者の雇用・育成など
わくわくつわの協同組合（島根県津和野町）	2010/1	12	143	
萩アグリ㈱（山口県萩市）	2016/2	6	130	

②農協が事務局のネットワーク方式

名称	設立（年/月）	構成法人数	経営面積（ha）	おもな活動内容
JAいび川担い手連絡協議会（岐阜県揖斐川町、大野町、池田町）	2015/11	44（うち法人23）	―	・JA所有の資材や施設の共同利用 ・農機のリース ・作業受託 ・技術向上に向けた研修会の開催など
JA三次集落法人グループ（広島県三次市）	2004/4	31	―	

建連携法人として、滋賀県犬上郡甲良《こうら》町内の7農事組合法人が出資して２０１２年3月に設立した「甲良集落営農連合協同組合」がある。農文協発行の『季刊地域』No.29の46～47頁に専務理事上田栄一氏による紹介文が掲載されている。

※株式会社方式による3階建連携法人としては、㈱未来サポートさだ（島根県出雲市佐田町内の8組織によって２０１３年4月設立）、萩アグリ㈱（山口県萩市阿北地区の6農事組合法人が出資して２０１６年2月設立、後にあぶらんど萩農協も出資して構成員となった）などがある。

※有限責任事業組合（ＬＬＰ）方式の事例としては、島根県奥出雲町、旧横田町内の6農事組合法人による「有限責任事業組合・横田特定農業法人ネットワーク」（２００６年8月設立）がある。（『進化する集落営農』の2～5頁に簡単に紹介したほか、ネットワークの代表幹事で構成組織（農）三森原の元理事でもある佐伯徳明氏が『現代農業』２０１７年3月号に寄稿した「集落営農では消費税は原則課税のほうが絶対有利」の中で、ＬＬＰの活動について短く言及している。

②農協が呼びかけ、事務局を狙い、連携活動をコーディネートする「ネットワーク方式」（30～40組織が参加する例もいくつか出現している）。

※代表的な事例としては、広島県三次《みよし》市の三次農協が事務局を持って活動している「ＪＡ三次集落法人グループ」がある。『進化する集落営農』の２４１～２６９頁で詳しく紹介している。

③山口県では、農協が呼びかけ、事務局を担うだけでなく、3階建連携法人に農協も出資してより積極的に運営を主導する「広域連合組織」の設立が進んでいる。前述した「萩アグリ㈱」は、集落法人側の自主性がより強いと考えられるのに対して、山口の新方式は農協主導型の性格が強いといえよう。

※事例としては、南すおう農協（山口県柳井市・光市・熊毛郡3町）と管内の17法人による「アグリ南すおう㈱」、長門大津農協管内（山口県長門市）の油谷地区と三隅地区の2法人などがある。形式的には①と②のいわば折衷方式である。

Ⅲ　2階建方式の集落営農システムこそ100年続けられる地域運営組織

政府の「地方創生」政策の「まち・ひと・しごと創生総合戦略」の眼目として、集落生活圏を維持するための「小さな拠点」の形成が取り上げられ、一躍脚光を浴びているようである。

「地域運営組織」とは、総務省の定義によれば「地域の生活や暮らしを守るため、地域で暮らす人々が中心となって形成され、地域内のさまざまな関係主体が参加する協議組織が定めた地域経営の指針にもとづき、地域課題の解決に向けた取り組みを持続的に実践する組織」（難解なお役所言葉！）だという。これをわかりやすく「小さな拠点」とネーミングしたのだろうが、その具体例として高知県が推進する「集落活動センター」、島根県雲南市が推進する「地域自主組織」、山口県の「手づくり自治区」、広島県安芸高田市の「地域自治組織」等々多数が取材・報道・紹介されている。

筆者が理解できないのは、何故か「集落営農」が無視されていることである。

興味深いのは、総務省が2015年3月にまとめた「地域運営組織の実態調査報告書」の「活動実態」についてのまとめである。その要約を原文のまま紹介すると、

・活動範囲は「小学地区」（概ね昭和の大合併で消滅した旧村エリア）

・全国の4分の1の市町村に1600を超える組織があり、さらに8割を超える市町村が必要性を認識

・約7割が法人格を持たない任意団体で、残り約3割の大半がNPO法人

・おもな活動内容は高齢者交流、声かけ・見守り、外出支援、配食支援、買物支援など幅広い

・おもな収入源は市町村補助金、会費、利用料であり、財政基盤が脆弱

・地域の有志や組織、団体で構成される地域に根ざした組織であり、人材不足が課題

活動範囲が小学校区というのは集落営農とも重なり合うが、法人組織が約3割と少なく法人の大半が（非営利組織である）NPO法人であり、おもな収入源が

市町村補助金・会費・利用料で財政基盤が脆弱である点については、集落営農システムの方がより可能性・持続性があることを提案したい。

　筆者は『進化する集落営農』の中で、「集落営農とは1階部分がコミュニティの自主活動組織、2階部分が実業活動組織である集落法人の2階建方式の地域営農システム」であり、「1階と2階の総体が集落営農だと主張した。この2階建方式の地域運営（営農）システムを模式的に図示すれば、図1のようになる。

　総務省のいう地域運営組織の考え方は「1階部分」単体が活動主体になるのであろうか？

　次に、総務省の地域運営組織の「泣きどころ（弱点）」が「収入源が市町村補助金・会費・利用料で財政基盤が脆弱」なことであるのに対し、集落営農は地域住民が地域資源に働きかけて価値を生産すること、つまり自らの労働で資金を生み出し「集落の資本金」を蓄積しながら100年続けられる運動組織である点において優れていることを指摘したい。

　全国を代表する事例が、広島県東広島市に合併した旧村小田村（学校区）の1階が自治活動組織「共和の郷・おだ」、2階部分が集落法人「（農）ファーム・おだ」および女性部の農家レストラン・直売所・加工施設の「寄りん菜屋」の2階建方式地域経営である。小田地区は、2015年の農林水産祭で天皇杯を受賞したこともあり多くの媒体で広く紹介されているが、『進化する集落営農』では、194～207頁で、設立の経過を含めて詳しく論じている。

　小田地区の最近の状況については、地元の広島県西部農業技術指導所の志俵政夫さんが、『技術と普及』

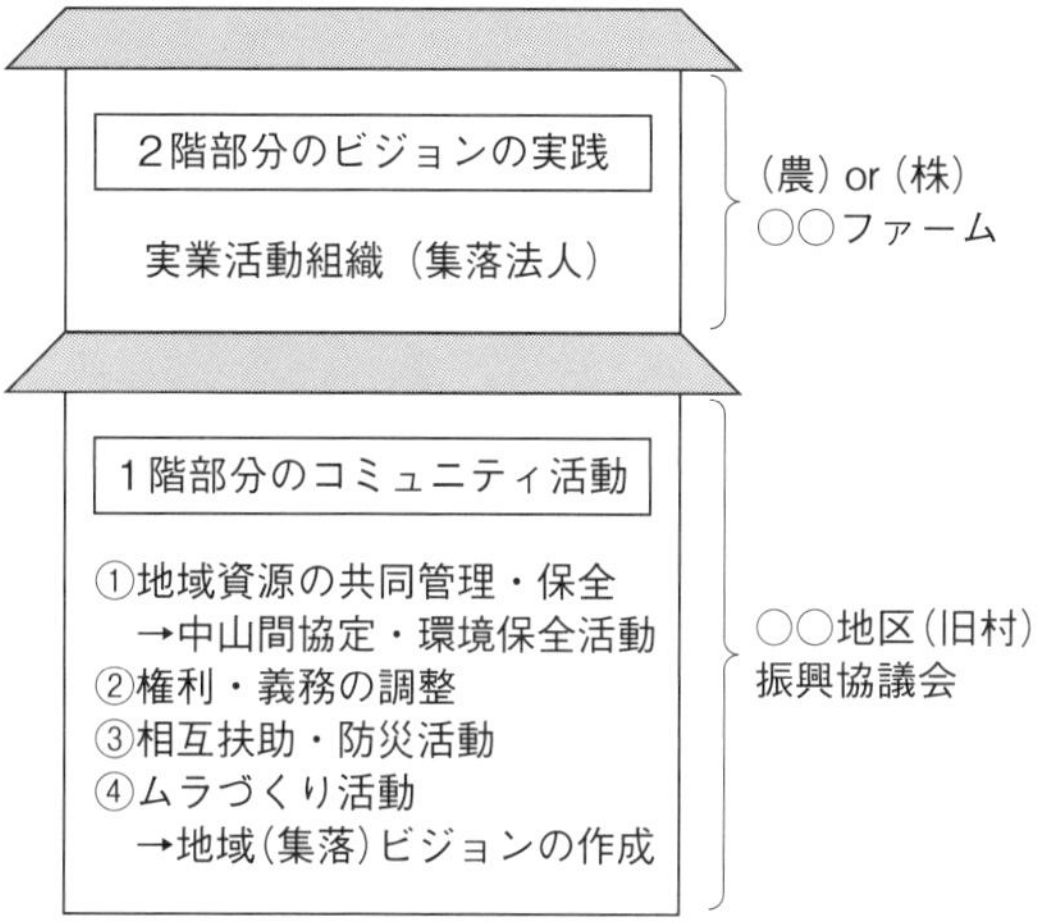

図1　2階建方式の地域運営システムとしての集団営農概念図

の2017年2月号に「集落営農組織の法人化による未来の開拓！『ファーム・おだ』の取り組み」を寄稿し、簡潔に紹介されている。

1階部分の「共和の郷・おだ」は非法人であるが、最近では1階部分の自治活動組織も法人化してより持続性を強化した事例がいくつも設立されつつある。

※事例①長野県上伊那郡飯島町の田切《たぎり》地区では1階部分が「一般社団法人田切の里営農組合」、2階部分が「㈱田切農産」の2階建方式である。農文協発行の『季刊地域』№29の90〜91頁に紹介されている。

※事例②新しく設立された、鳥取県日野郡日南町の笠木地区の1階部分が「一般社団法人笠木営農組合」、2階部分が「㈲だんだんほかの担い手農家」の2階建システムの紹介を、地元の鳥取県日野農業改良普及所の金川健祐さんが「県内集落営農の先駆者『笠木営農組合』一般社団法人化の取り組み」として同じ『技術と普及』2017年2月号の54〜56頁で紹介している。

以上の2事例は旧村ないし学校区を範囲とする2階建方式地域経営システムで、かつ1階・2階ともに法人化しているケースだった。

このほかに、集落を範囲とする、1階・2階とも法人化した2階建方式地域経営システムも数多く活動している。

※事例①島根県雲南市木次町の旧湯村の槻屋集落では、1階部分が「地方自治法の地縁法人槻屋振興会」、2階部分が「(農)槻之屋ヒーリング」と「NPO法人おろちの里」の2階建方式地域経営システムである(『季刊地域』№14の36〜39頁に活動の一端が「むらの会館葬で送り出す」という記事で紹介されている)。

※事例②島根県飯石郡飯南町に合併した旧頓原町の佐見集落では、1階部分が「地縁法人佐見自治振興会」、2階部分が「(農)大安伸」の2階建方式の地域経営システムで、地域を支えている。

著者が「2階建方式地域経営システムとしての集落営農」が優れていると主張する最大の拠りどころは、地域住民が自主的・主体的に参加してまとめあげた「集落(地域)ビジョン」を実現するための実践組織だからである。「集落(地域)ビジョン」とは「むらづくりの設計図＝将来構想」である。その意味で、集落営農とはむらづくり運動なのである(本書の姉妹編である『集落営農の事例に学ぶ集落・地域ビジョンづくり』(2014年)、『事例に学ぶこれからの集落営農』(2017年、いずれも農文協)に多くの具体例を紹介している。とくに後者のPART4「地域の課題を解決、仕事をつくりお金を回す地域運営組織へ」の138～141頁に著者の考えを述べておいたので参照ねがいたい)。

(注)本稿のⅠ・Ⅱは一般社団法人農業改良普及支援協会発行の『技術と普及』2017年2月号に、「集落営農に今何が必要か」というタイトルで寄稿した文章に補筆したもので、Ⅲを新たに執筆した。

■総務省では、2016年度、「地域運営組織の形成及び持続的運営に関する研究会」（座長：小田切徳美氏）を設置し、地域運営組織の形成と持続的運営に資する「研修用テキスト」と、その参考となる「事例集」を作成し、『地域運営組織の形成及び持続的な運営に関する調査研究事業　報告書』（215頁）としてホームページでPDFを公開しています。本書と併せてのご利用をおすすめします（編集部）。
（http://www.soumu.go.jp/main_content/000475610.pdf）

～以下内容～

▼地域運営組織とは

1　地域運営組織設立の背景及び必要性
2　地域運営組織の定義・位置づけ・役割
3　地域運営組織の現状
4　行政の役割～地域運営組織の伴走者

▼研修用テキスト

1　知る
地域運営組織はなぜ必要なのか／地域の皆様が「気付く」にはどうすればよいか／「これから」を決めましょう）
2　動いてみる
どんなことに取り組めばよいか／はじめの一歩を踏み出すにはどうすればよいか／活動資金をどのように確保していくか／活動の担い手をどのように確保していくか）
3　かたちづくる
どんな組織を作ればよいか／地域の既存団体との関係はどうなるのか／地域運営組織の中での役割分担／組織立ち上げ・事務局運営のための財源をどう確保するか／組織の活動拠点はどうすればよいか
4　持続・発展させる
組織の持続・発展に向けて何をすればよいか／安定的な財源を確保するためにはどうすればよいか／人材の確保・育成に向けてどんなことをすればよいか／組織の法人化にはどのようなメリットがあるのか

▼事例集

広島県安芸高田市　合併前の6町をベースとした組織形成
大分県宇佐市　住民主体の計画立案と行政による支援・協働
兵庫県豊岡市　段階的な取り組みから市全域での取り組みへ
兵庫県朝来市　4町合併を契機とした組織形成
兵庫県たつの市　地域の農産物、地域のくらしを守る生産者達の熱い活動
和歌山県田辺市　多様な協働まちづくりの展開
沖縄県糸満市　住民自らの手による地域資源の発見・保存・継承の取り組み

▼地域運営組織の実態（調査結果）

調査の概要／調査結果からみる地域運営組織の実態

むらの困りごと解決隊
実践に学ぶ　地域運営組織

2018年3月25日　第1刷発行

編　者　一般社団法人　農山漁村文化協会

発行所　一般社団法人　農山漁村文化協会
〒107-8668　東京都港区赤坂7丁目6-1
電話　03(3585)1141(代表)　03(3585)1144(編集)
FAX　03(3585)3668　振替　00120-3-144478
URL　http://www.ruralnet.or.jp/

ISBN978-4-540-15126-2　DTP製作／㈱農文協プロダクション
〈検印廃止〉　印刷／㈱新協

製本／根本製本㈱
Printed in Japan　定価はカバーに表示

★むら・まちづくり総合誌

季刊地域 No.29 2017年春号

【特集】どれがいい？ むらの仕事のカタチ

地域のために一肌脱ぐときの法人のカタチ
法政大学教授・名和田是彦

4つの類型

チャートでわかる むらで仕事をおこすならどのタイプ？

認可地縁団体／NPO法人／一般社団法人／株式会社／合同会社（LLC）／有限責任事業組合（LLP）／企業組合／事業協同組合

〈キーワード〉「登記」と「法人」／「法人税」はかかる？／「資本金」ってなに？／「地域運営組織」と「地域自治組織」の関係は？

〈資料〉組織形態の種類と概要

A4変型判134頁
定価926円（税込）（送料120円）
年間購読3704円（税込）（送料無料）

季刊地域 No.27 2016年秋号
むらの足 最新事情 移動・物流・エコカー&地エネ

移動販売と買い物代行、無償移送／マイカーでの有償運送Q&A／薪ガス&小型電気自動車／直売所が仕組んだ「ついで」集荷／農家の宅配便活用術

季刊地域 No.30 2017年夏号
赤トンボとホタルの増やし方

三面コンクリート張り水路でもホタルを増やす／赤トンボを増やすには―農薬・中干しの影響／ミツバチ 農薬と蜜源植物／農村力発見事典「季刊地域」の用語集59ワード

季刊地域 No.31 2017年秋号
農産加工 上手に稼ぐ、続けていく

みんなでやる加工は儲からない？―の悩みに答える／1次加工と冷凍・冷蔵で弁当・惣菜を赤字にしない／地域に雇用と楽しみをもたらす／種子（タネ）を引き継ぐ

季刊地域 No.32 2018年冬号
山で稼ぐ！ 小さい林業ここにあり

定年後は「木の駅」で稼ぐ／薪・炭・木酢液が売れる／ヒサカキ・畑ワサビ・フキ・ワラビ・アイコ・樹液・トチの実で稼ぐ／製材すれば材価は4～5倍／木材の低温乾燥法／雪かきを担うのは誰だ ほか

農文協 DVD 多面的機能支払 支援シリーズ
第5巻『地域のつながり強化編』

多面的機能支払の活動組織は、水路や農道を保全するだけでなく、地域の連帯感を高める役割も持っている。前身の「農地・水」開始から10年、「役員のなり手不足」「顔ぶれが同じでマンネリ気味」などの課題を乗り越える、体制づくりや工夫を紹介

パート1　集落単位の活動組織の事例

参加者を増やすグループづくり～若手・女性・定年退職者の力を引き出す（栃木県那須塩原市・三区町環境保全隊）／女性が役員に～福祉・教育とつながる共同活動（栃木県宇都宮市・中内環境保全会）／家族全員で活動参加～山あいの集落をにぎやかに（岐阜県恵那市・多面的機能山足活動組織）／みんなが〝地域の担い手〟～小さなむらの水路・ため池・田んぼを守る（大分県豊後大野市・藤田農地・水保全組合）／子どもと一緒に外来種駆除～ジャンボタニシ捕獲に住民が集まる（岐阜県安八町・入方ふれあい結）

パート2　広域活動組織の事例

定年退職者を活かし小・中学生を育てる（三重県・多気町勢和地域資源保全・活用協議会）

むらをひとつに結ぶ　アジサイによる景観づくり

パート3　広報活動

広報の工夫　親しみやすい紙面　参加したくなるアイデア

第1巻　みんなで草刈り編　斜面の草刈り 足場のつくり方 モアの活用術　ほか

第2巻　機能診断と補修編　誰でもできる水路・農道補修　ほか

第3巻　多面的機能の増進編　田んぼダムで防災・減災の強化　ほか

第4巻　景観形成と環境保全編　植栽 地域で楽しむ工夫　ほか

DVD 多面的機能支払支援シリーズ『地域のつながり強化編』（115 分、10,000 円＋税）。全 5 巻 50,000 円＋税